ミライの授業

瀧《たき》本《もと》哲《てつ》史《ふみ》
京都大学客員准教授

講談社

ミライの授業　目次

14歳のきみたちへ 8

ガイダンス——きみたちはなぜ学ぶのか？ 21

1時限目 世界を変える旅は「違和感」からはじまる 57

4時限目

すべての冒険には「影の主役」がいる

5時限目

ミライは「逆風」の向こうにある

未来を予測する
最善の方法は、
それを発明することだ

アラン・ケイ

ミライの授業

14歳《さい》のきみたちへ

14歳のきみたちに、知っておいてほしいことがある。

きみたちは、未来に生きている。

そして大人たちは、過去を引きずって生きている。

きみたちは未来の住人であり、大人たちは過去の住人なのだ。

これは比喩《ひゆ》（たとえ話）ではなく、事実としてきみたちは、未来に生きている。

その理由を、簡単に説明しよう。


14歳のきみたちは、21世紀に生まれた最初の世代だ。

昭和の時代を知らないのはもちろんのこと、20世紀の空気にも触《ふ》れていない。生まれたときには2000年代で、21世紀だけを生きてきた。

一方、きみたちのお父さんやお母さんが中学生だったころ、21世紀という言葉は特別な輝《かがや》きをもっていた。どんな輝きか？　ひとことでいえば、21世紀は「未来そのもの」だった。人々は月や火星に宇宙旅行をして、自動車は空を飛び回り、人間そっくりのロボットと友だちのように暮らしている。誰《だれ》もがそんな21世紀を想像していた。

きっときみたちにとっては、笑い話でしかないだろう。

月や火星に旅行するなんて遠い夢物語だし、自動車はいまだ黒いタイヤで地上を走り、ロボットと友だちになれるのはマンガの主人公くらいのものだ。

そう。**残念ながら大人たちは、自分が夢見た21世紀を、実現できなかったのだ。**

そして21世紀という言葉に触れるたび、大人たちは心のなかでこう思う。「こんなはずじゃなかった」と。

未来を予測することは、むずかしい。

これは、21世紀に生きる日本人なら誰もが知っていることだ。

2011年3月11日、東北地方の三陸沖《さんりくおき》を震源《しんげん》とする東日本大震災《だいしんさい》が発生した。地震《じしん》の規模を示すマグニチュードは、9・0。あの関東《かんとう》大震災や阪神《はんしん》・淡路《あわじ》大震災を大きく上回る、日本の観測史上最大の巨大《きょだい》地震である。その後、東北地方の太平洋沿岸を襲《おそ》った数十メートル級の巨大津波《つなみ》、さらには福島第一原子力発電所の事故。

震災後、東北地方には故郷に帰れず、避難《ひなん》生活を続ける方々がいる。そして2016年4月には、九州の熊本《くまもと》でも大規模な地震が発生し、多くの死傷者が出てしまった。ことさら悲劇を強調するつもりはない。しかし、誰もが感じることだろう。やはり、未来を予測することはむずかしいのだと。

大人たちが「こんなはずじゃなかった」と頭を抱《かか》えているのは、自然災害だけではない。長引く不況《ふきょう》、深刻化する格差、そして世界各地で勃発《ぼっぱつ》するテロ。大人たちは自信を失い、21世紀に希望を描《えが》くことができなくなっている。

そこで、一緒《いっしょ》に考えてほしい。

きみたちが生まれた21世紀とは、どんな時代なのだろう?

いま、世界ではなにが起きているのだろう?

そしてこの先、きみたちはどこに進めばいいのだろう?

「メイド・イン・ジャパン」から「メイド・イン・世界」へ

21世紀になって起きたもっとも大きな変化は、「世界」がひとつになったことだ。

いまから数十年前、20世紀までの世界は、国がバラバラに存在していた。

日本人は、日本で働き、日本国内のお客さんを相手に商売する。あるいは輸出産業でも、日本人が、日本国内でつくった商品に、「メイド・イン・ジャパン」の印が押《お》される。自分が日本人であること、そして日本という国で働くことに、たしかな意味があった。

ところが現在、きみたちが日本人であることに、特別な意味は存在しない。

たとえば、ユニクロの服。きみたちも1着くらいはもっているかもしれない。現在、ユニクロで売っている服は、すべて中国やベトナム、バングラデシュ、インドネシアなど、アジア各国の工場でつくられている。れっきとした日本企業《きぎょう》の製品でありながら、そこに「メイド・イン・ジャパン」の文字はないのだ。

あるいは、スマートフォンのｉＰｈｏｎｅも同じだ。

ｉＰｈｏｎｅがアップルという会社のスマートフォンであること、そしてアップルがアメリカの会社であることは、きみたちも知っているだろう。ところがｉＰｈｏｎｅ本体のどこを見ても、「メイド・イン・ＵＳＡ」とは書かれていない。

なぜなら、ｉＰｈｏｎｅを製造（組み立て）しているのは、台湾《たいわん》の鴻海《ホンハイ》精密工業（日本のシャープを買収した）という会社なのだ。しかもこの会社は、日本やアメリカ、韓国《かんこく》、台湾など世界じゅうのメーカーから部品を集めて、中国の工場で組み立てている。

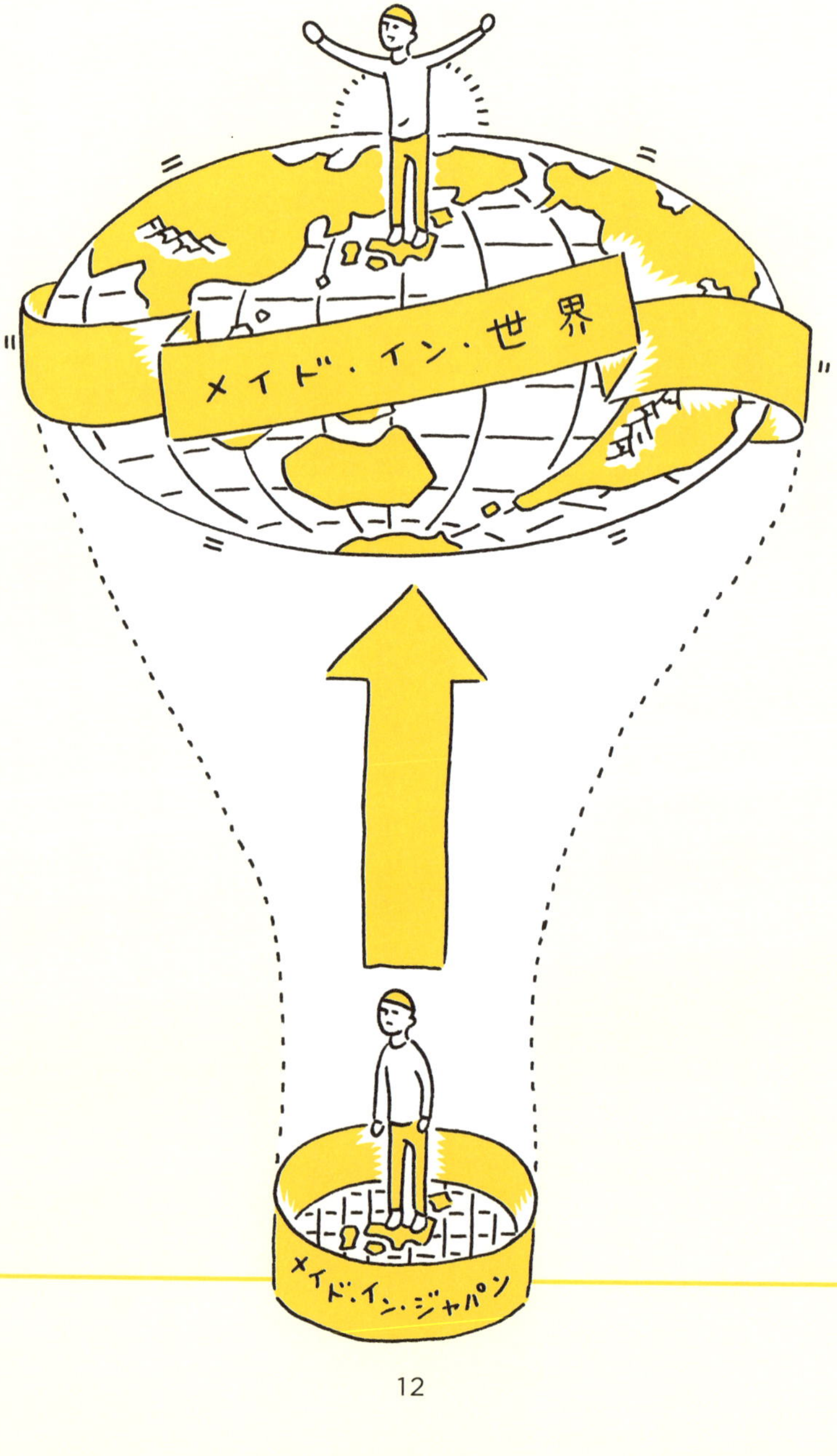
メイド・イン・世界
メイド・イン・ジャパン

こうなるともう、昔ながらの「メイド・イン・○○」という発想そのものが通用しなくなってくる。あえて名づけるなら、iPhoneは**「メイド・イン・世界」**のスマートフォンといえるだろう。

それではなぜ、ユニクロやアップルは自分の国ではなく、遠く離《はな》れたアジアの国で商品をつくっているのだろうか?

ここには、ふたつの理由が隠《かく》されている。

ひとつは、世界のどこでつくっても、品質に大きな差が出なくなったこと。

そしてもうひとつが、アジアの人たちのほうが安い給料で働いてくれることだ。

きみたちのお父さんやお母さんが中学生だったころ、日本製の電化製品はどれも「日本でしかつくれないもの」で、「日本人にしかつくれないもの」とされていた。日本人ならではの勤勉さ、手先の器用さ、職人的な技術力は世界で称賛《しょうさん》され、「メイド・イン・ジャパン」は高品質の代名詞になった。

ところがここに、大きな変化が訪《おとず》れる。

たとえば、洗濯《せんたく》物を手で洗っていた江戸《えど》時代。きっと世のなかには「洗濯がうまい人」と「洗濯が下手な人」がいただろう。誰が洗濯するのかによって、汚《よご》れの落ち方も違《ちが》ってくるわけだ。しかし、いまの時代に「あの人は洗濯がうまい」という話は聞かない。それはそうだろう。洗濯機があれば、誰が洗濯しても同じように洗い上がるからだ。

さて、これと同じことが、工場のなかでも起こるようになったら、どうなるだろう。工場に最新鋭《さいしんえい》の機械が導入され、細かい作業はすべて機械がやってくれる。人間がやることといえば、機械の使い方を覚え、動かすことだけ。洗濯機の「洗濯ボタン」を押すのと一緒だ。こうして現在、日本人が誇《ほこ》ってきた職人的な技術や手先の器用さは必要とされなくなり、**多くの仕事が「誰がやっても同じ」になってきた。**

誰がやっても同じなら、企業は「より給料が安い人」を選ぶ。具体的には、アジア各国に工場をつくり、現地の人たちに働いてもらう。きみたちだって買いものをするとき、中身が同じだったら安いお店を選ぶだろう。お金を払《はら》う側としては、当然の判断だ。

もはや「メイド・イン・ジャパン」であることに意味はなく、わざわざ日本人を雇《やと》う理由もなくなった。誰がやっても同じ仕事である限り、**「安い人が選ばれる時代」**になったのだ。

現在進行形の未来に備えよう

ここでひとつ、問題を出そう。

このまま「安い人が選ばれる時代」が進んでいった場合、最終的に選ばれるのはどんな人たちだろう？

アジアの人たちよりも安く働いてくれる、アフリカの人？

ボランティアで働く人？

……正解は、**「ロボット」**だ。

24時間、ひと言の文句も言わずに働いて、風邪《かぜ》で休んだり、寝坊《ねぼう》したりすることもない。しかも人間のような育成期間もいらず、雇った（導入した）その日から即《そく》戦力として働いてくれる。当然、給料はゼロ。こんなにありがたい「社員」はいないだろう。

ロボットと聞くとオーバーに聞こえるかもしれないが、すでにさまざまなところで「人間から機械へ」の流れは進んでいる。

たとえば数十年前まで、駅の改札には「きっぷ切り」と呼ばれる駅員さんたちが立っていた。乗客が駅員さんにきっぷを手渡《てわた》すと、駅員さんは専用のハサミできっぷに切れ目を入れる。「このきっぷは本物ですよ。駅員さんのいる改札を通過しましたよ」という印だ。

そして目的の駅に着いたとき、乗客は再び改札の駅員さんにきっぷを手渡す。駅員さんはきっぷに書かれた駅名や金額を目で確認《かくにん》し、乗客を改札の外に通すわけだ。

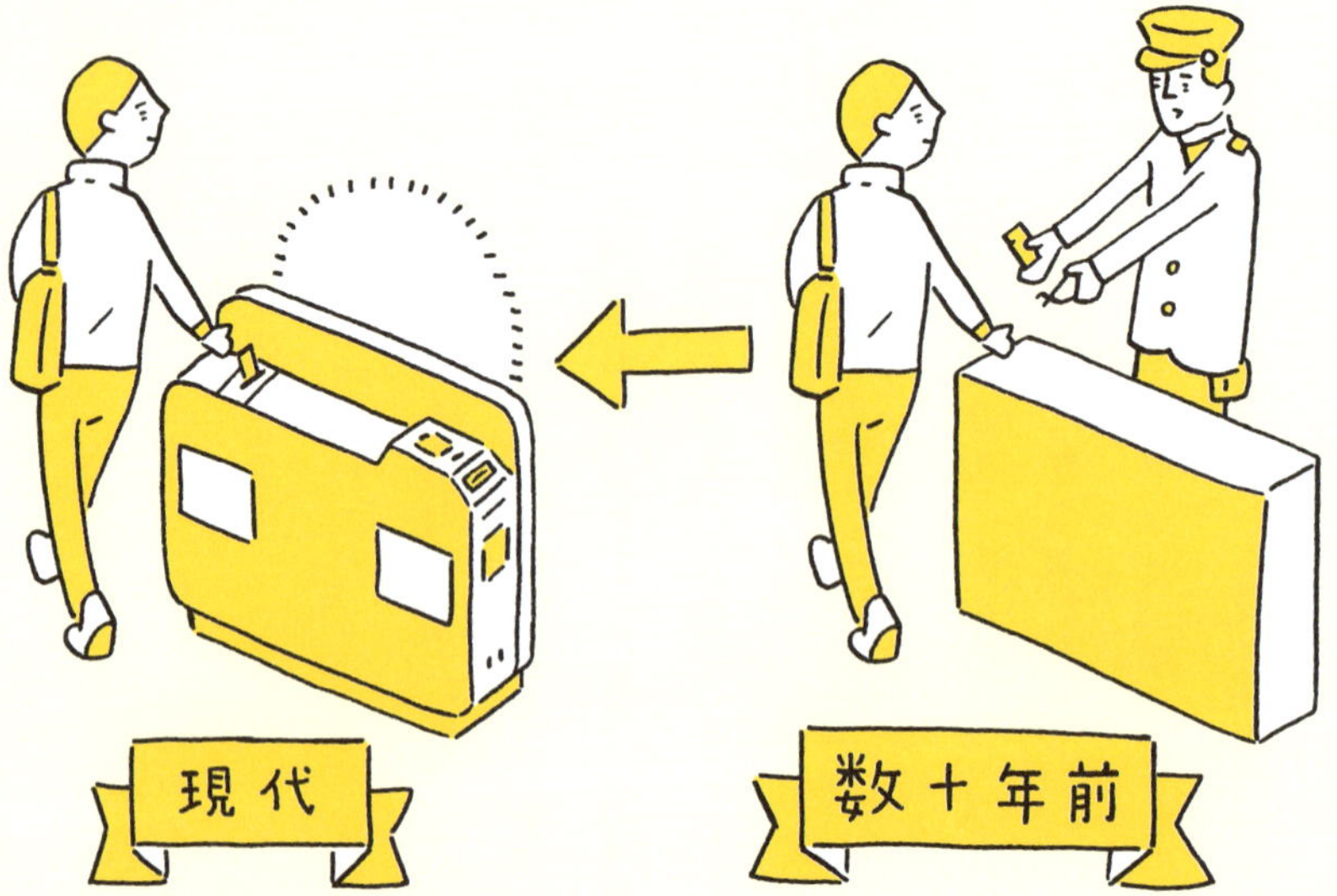

この面倒《めんどう》な作業も、すべて「自動改札機」が代行してくれるようになった。

いまではSuica（JR東日本）やICOCA（JR西日本）などのICカード乗車券、さらには携帯《けいたい》電話の「おサイフケータイ」機能などによって、きっぷを買わなくても電車の乗り降りができるようになっている。

ここから、きみたちのなかには「駅員さんたちも、面倒な仕事から解放されてよかったな」と思う人もいるかもしれない。

でも、これは**「機械に仕事を奪《うば》われた」**ということでもあるのだ。それまで駅員さんたちは、その卓越《たくえつ》した「きっぷ切り」の技術で大量の乗降客をさばき、日本の通勤・通学ラッシュを支えてきた。しかし、彼《かれ》らの技術や正確性も、自動改札機にはかなわない。仕事を奪われた彼らは、クビを言い渡される可能性だって出てくるだろう。

人間から機械へ。この流れは、きっぷ切りの駅員さんに限った話ではない。

ある調査によると、**この先10〜20年のあいだに、働く人の約半分がロボットに仕事を奪われかねない、**という試算が出ている(野村総合研究所発表)。

たとえば、日本人ならではの「匠《たくみ》の技術」が評価されてきた工場労働者。彼らの仕事は、すべてロボットに取って代わられる。「匠」たちが何十年もかけて身につけてきた技術も、コンピュータが一瞬《いっしゅん》にしてコピーしてしまう。しかもロボットは、「お腹《なか》がすいた」とも「休みがほしい」とも言わない。「給料を上げてくれ」と文句を言ってくることもない。24時間黙々《もくもく》と働いてくれる、最強の労働者だ。人間に勝ち目はないだろう。

さらに人工知能の発達によって、コンピュータの頭脳は、人間の脳を超《こ》えはじめている。チェス、囲碁《いご》、将棋《しょうぎ》などの名人クラスを次々と撃破《げきは》するコンピュータは、やがてオフィスのなかにも進出してくるだろう。事務や経理は、奪われやすい仕事の筆頭だ。

その他、タクシーやバスの運転手は自動操縦装置に仕事を奪われるだろうし、警備員や清掃《せいそう》員の仕事などは、明日ロボット化されたとしても不思議ではない。

ロボットがものをつくり、ロボットがものを売る社会。ロボットに監視《かんし》されながら、ロボットの命令に従って生きる社会。そしてロボットに仕事を奪われた失業者たちで、街がいっぱいになる社会。そこにあるのは、「希望」だろうか、「絶望」だろうか？

たとえ絶望であっても、目を閉じてはならない。しっかりと現実を直視しよう。

世界全体を巻き込《まこ》んだ「安い人が選ばれる時代」。

人間さえも必要としない「ロボットに仕事を奪われる時代」。

これは、いまきみたちの足元で動いている、「現在進行形の未来」なのだ。

そんな未来に、どう立ち向かえばいいのか？

残念ながら大人たちは、その答えを知らない。

未来をつくる14歳へ

ここまでの話を聞いて、「なんて不幸な時代に生まれてしまったんだ」「なんて恐《おそ》ろしい未来なんだ」と頭を抱えたくなったかもしれない。

でも、きみたちに朗報だ。

未来には、ひとつだけいいところがある。

それは、「未来は、つくることができる」という点だ。

誰が未来をつくるのか？

きみたちだ。

過去に生きる大人たちに、未来をつくる力はない。21世紀の第一世代として、きみたちの手で、きみたちだけの未来をつくっていくのだ。

歴史を振《ふ》り返《かえ》ってみれば、いつの時代にも「未来をつくる人」がいた。錆《さ》びだらけの古い鉄《てっ》扉《ぴ》をこじ開け、あたらしい道の先頭を歩み、時代を少しだけ前に進める人がいた。

彼らを「安い人」や「ロボット」で代用することはできない。

なぜなら彼らは、ほかの人では絶対にできないこと、自分にしかできないことに取り組んで、古い世界を一新させてきたからだ。誰かが舗《ほ》装《そう》した道路を進むのではなく、自分で道を切《き》り拓《ひら》き、未来を切り拓いてきたからだ。

だから**きみたちも、未来をつくる人になろう。**みんなと違った道に進み、まったくあたらしい旗を掲《かか》げて、誰も知らない明日へと踏《ふ》み出《だ》す人になろう。

本書では、自分だけの未来をつくる具体的な方法を述べていく。

2015年、わたしは全国の中学校を飛び回った。超《ちょう》難関校として全国にその名を轟《とどろ》かす兵《ひょう》庫県《ごけん》の灘《なだ》中学校や、福島第一原発事故の影響《えいきょう》で避難生活を余儀《よぎ》なくされている福島県飯舘村立《ふくしまけんいいたて》飯舘中学校など、さまざまな中学校を訪ねた。

目的はひとつ、未来に生きる14歳のきみたちに、特別講義を届けるためだ。

中学生向けの講義だからといって、レベルを落としたつもりはない。本講義の根底に流れるのは、ふだんわたしが京都大学の学生たちに向けて語っているのと同じテーマであり、問題意識だ。

講義のタイトルは**「未来をつくる5つの法則」**。その中身は、ざっと次のようなものである。ぜひ法則の「?」に入るキーワードを想像してみてほしい。

法則1　世界を変える旅は「？」からはじまる

法則2　冒険《ぼうけん》には「？」が必要だ

法則3　一行の「？」が世界を変える

法則4　すべての冒険には「？」がいる

法則5　ミライは「？」の向こうにある

本書は、この講義のエッセンスを凝縮《ぎょうしゅく》した一冊である。未来を生きるきみたちに向けた、未来を変える特別講義だ。

それでは、さっそく講義に入ろう。

ガイダンス

きみたちはなぜ学ぶのか?

きみたちが学んでいるものの正体

みなさんはじめまして。瀧本哲史《たきもとてつふみ》です。

ぼくはふだん、京都大学で日本の将来を担《にな》う大学生たちに、あたらしい時代を生き抜《いぬ》くための考え方について講義しています。今日の講義は、その14歳《さい》バージョン。語り口はやさしくても、中身は超《ちょう》本格派です。大学生はもちろんのこと、大人たちでさえ知らないような「未来をつくる5つの法則」をお話ししていきます。きっと大人たちは、みなさんのことをうらやましく思うでしょう。人生を変え、世界を変えるようなトップシークレットに、その若さで触《ふ》れられるのですから。

そこで最初に質問をさせてください。

みなさん、勉強は好きですか？　毎日の授業や宿題が楽しくてたまらない、という人はどれくらいいますか？

むしろみなさんは、こんな疑問を抱《かか》えているのではないでしょうか。

「どうして勉強しなくちゃいけないんだろう？」

「なんで学校に行かないといけないんだろう？」

「理科や数学の知識が、社会に出てなんの役に立つんだろう？」

中学生にもなれば、誰《だれ》もが一度は突《つ》き当《あ》たる疑問です。

学校そのものが嫌《きら》いなわけじゃない。学校で友だちと会うのは楽しいし、会えなくなったら寂《さび》しいと思う。部活の練習は大変だけど、なんとかがんばっている。

ただ、問題なのは「勉強」だ。授業はつまらないし、毎日の宿題、中間テストに期末テスト。考えただけでうんざりしてくる。

……当然の悩《なや》みだと思います。

それではなぜ、勉強はつまらないのか。ここには簡単な理由が隠《かく》されています。

レンガを積み上げて建物をつくっている場面を想像してみてください。このとき、あらかじめ「レンガを積み上げて、家をつくろう。完成したらみんなで暮らそう」と言われていたら、それなりにやる気も出ます。

でも、なんのためにレンガを積み上げているのか、誰も教えてくれなかったとしたら、どうですか？　いつ終わるかもわからず、なぜ自分がやらなきゃいけないのかも教えてもらえない。かなりつらい作業になりそうですよね。

勉強だって同じです。

みなさんは、勉強そのものが嫌いなのではありません。

勉強という、「やる意味がわからないもの」をやらされることが、嫌いなのです。

もう少し具体的に考えてみましょう。

世のなかには、いろんな種類の「学校」があります。

サッカー選手になりたい人が通う、サッカースクール。ダンサーになりたい人が通う、ダンススクール。料理人になりたい人が通う、調理師学校。自動車の運転免許《めんきょ》をとるために通う、自動車学校。本や映画でおなじみのハリー・ポッターは、「ホグワーツ魔法魔術《まほうまじゅつ》学校」という魔法学校に通っていましたね。

こういう学校では、「なにを学ぶのか?」がはっきりしています。

きっとハリー・ポッターだって、「魔法使いになるためには、この勉強が必要なんだ」と思いながら、魔法学校の授業を受けていたはずです。

さあ、ここで大きな疑問が浮《う》かんできます。

みなさんは学校に通いながら、なにを学んでいるのでしょう?

なんのために、勉強をしているのでしょう？

いい高校、いい大学に進むため？　そしていい会社に就職するため？

……そんなつまらないことのために勉強するなんて、あまりにも寂しい話ですよね。正解はもっと別のところにあります。


みなさんが学んでいるものの正体、それは「魔法」です。


ハリー・ポッターと同じ、「魔法」を学んでいるのです。

いま、みなさんは「魔法」の力で未来を変えるために、学校に通い、勉強をしています。まずはここから、講義をはじめましょう。

魔法はどこから生まれるか

いきなり「魔法」と言われても、なんのことだかよくわかりませんよね。

むしろ学校の勉強なんて、ハリー・ポッターの映画とはまったく逆の、退屈《たいくつ》でつまらないことばかりでしょう。

辞書で「魔法」の欄《らん》を引いてみると、「魔力《まりょく》をはたらかせて**不思議なこと**を行う術。魔術。

妖術《ようじゅつ》」(広辞苑《こうじえん》・第六版)と説明されています。そして実際、ハリー・ポッターやおとぎ話の魔法使いたちは、ほうきに乗って空を飛んだり、かぼちゃを馬車に変えてみせたり、「不思議なこと」をたくさんやってのけます。

でも、飛行機なんてもっと「不思議なこと」だと思いませんか？　日本とアメリカを結ぶ大型旅客機《りょかくき》の重量は、150トン以上です。そんな鉄のカタマリが空を飛ぶなんて、どう考えても「不思議なこと」ですよね？

かぼちゃの馬車にしても、自動車のほうが何倍もすごいミラクルです。馬が引っぱっているわけでもないのに、鉄のカタマリに油(ガソリン)が積んであるだけなのに、馬よりもずっと速く走る。しかも鉄は、石(鉄鉱石)からつくられている。要するに自動車って、石と油で走っているんですよ？

たとえば、江戸《えど》時代の人を想像してみてください。

もしもちょんまげ姿のお侍《さむらい》さんがいまの日本にタイムスリップしたら、どうなるのか？　江戸時代の人から見て、いまの日本はどんな世界に映るのか？

馬の代わりに鉄のカタマリが走り回り、夜になっても煌々《こうこう》と明かりが灯《とも》り、テレビと呼ばれる薄《うす》っぺらい箱の向こうには異世界が広がっている。そして人々はスマホという小さな板で、遠く離《はな》れた人たちとおしゃべりしている。雲の上には人を乗せた鉄の鳥が飛んでいて、地面の奥深《おくふか》くにも地下鉄とかいう鉄の大箱が走っている。

きっと彼《かれ》は、恐《おそ》ろしい「妖術の国」に来てしまった、と腰《こし》を抜かすでしょう。

江戸時代の人たちにとって、みなさんは天狗《てんぐ》や河童《かっぱ》レベルの「バケモノ」なのです。

でも、みなさんは自分がバケモノでないことを知っています。飛行機をつくったのはライト兄弟であること。電球をつくったのはエジソンであること。**その他さまざまな「魔法」が、人間の手によって実現したこと**を知っています。妖術や魔術ではなく、ごくふつうの人間たちが長年にわたって積み重ねてきた「技術」の力なのだと知っています。

あるいはもっと身近なところで、みなさんのお父さんやお母さんが若かったころと比べてみてもいいでしょう。数十年前の中高生は、どんな部屋で、どんなものに囲まれながら青春時代を過ごしていたのでしょうか。

いまから数十年前、たいていの中高生は「ミニコンポ」と呼ばれるオーディオセットをもっていました。ミニコンポとは、ＣＤやレコードのプレーヤー、カセットデッキ、ラジオなどが組み合わされたオーディオセットのこと。みなさんのお父さんやお母さんは、これを使って自分の好きな音楽を聴《き》いていたわけです。

1980年代

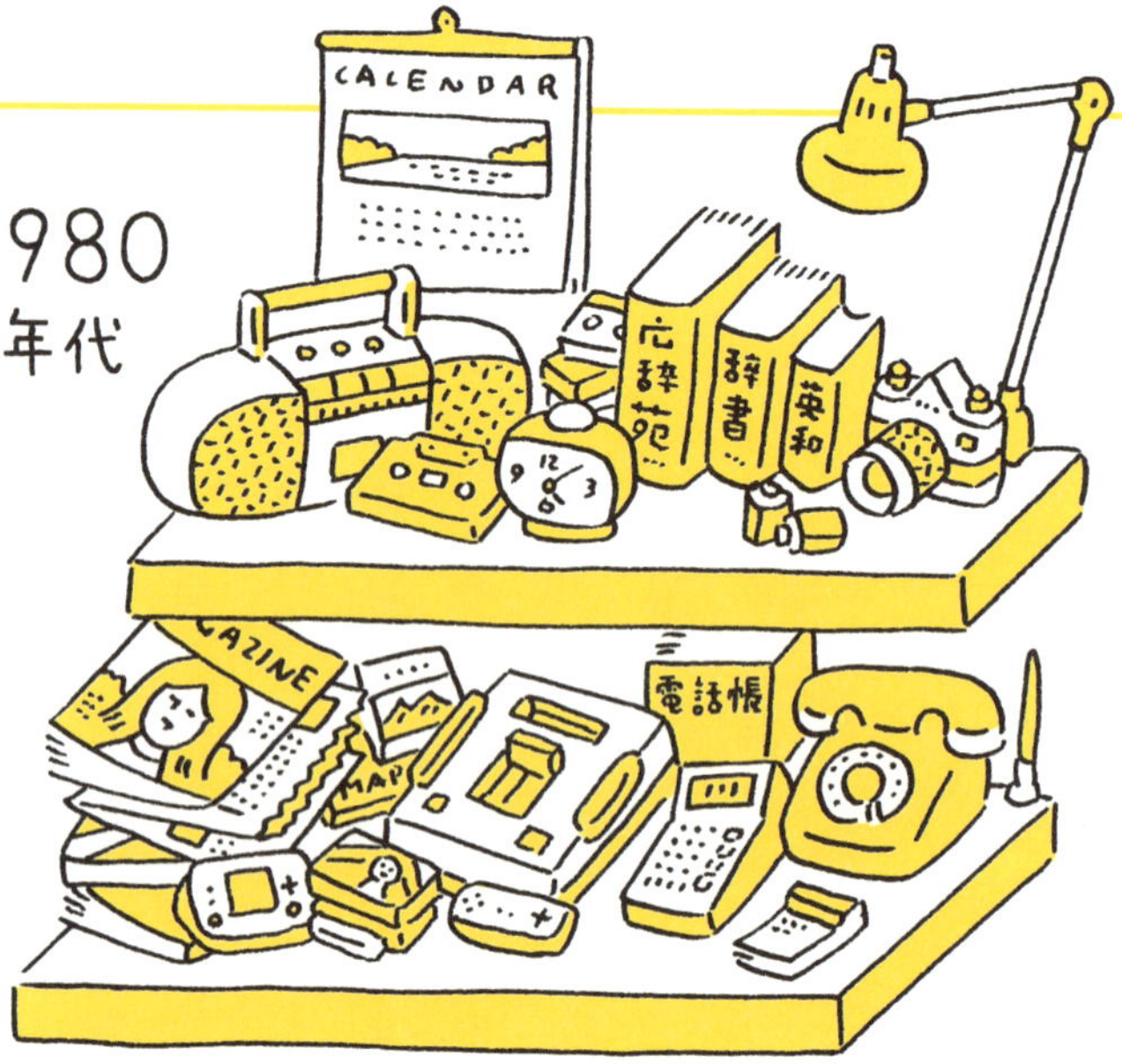

自分の部屋にテレビがある中高生はまだまだ少なく、情報源はもっぱら雑誌とラジオでした。好きなアイドルやお笑い芸人、ミュージシャンなどの情報を、雑誌やラジオから仕入れていたわけです。インターネットのない時代ですから、当然でしょう。

そうなると、部屋の本棚《ほんだな》にはたくさんの雑誌が並んでいます。アイドル雑誌、音楽雑誌、ファッション雑誌、ゲーム雑誌、スポーツの雑誌、ありとあらゆる雑誌です。もちろんマンガも大好きなので、マンガや小説などもたくさんもっていたでしょう。

それからゲーム。初代のファミコンが任天堂から発売されたのが1983年です。お父さんやお母さんの部屋にも、ゲーム機が置いてあったかもしれません。また、友だちが遊

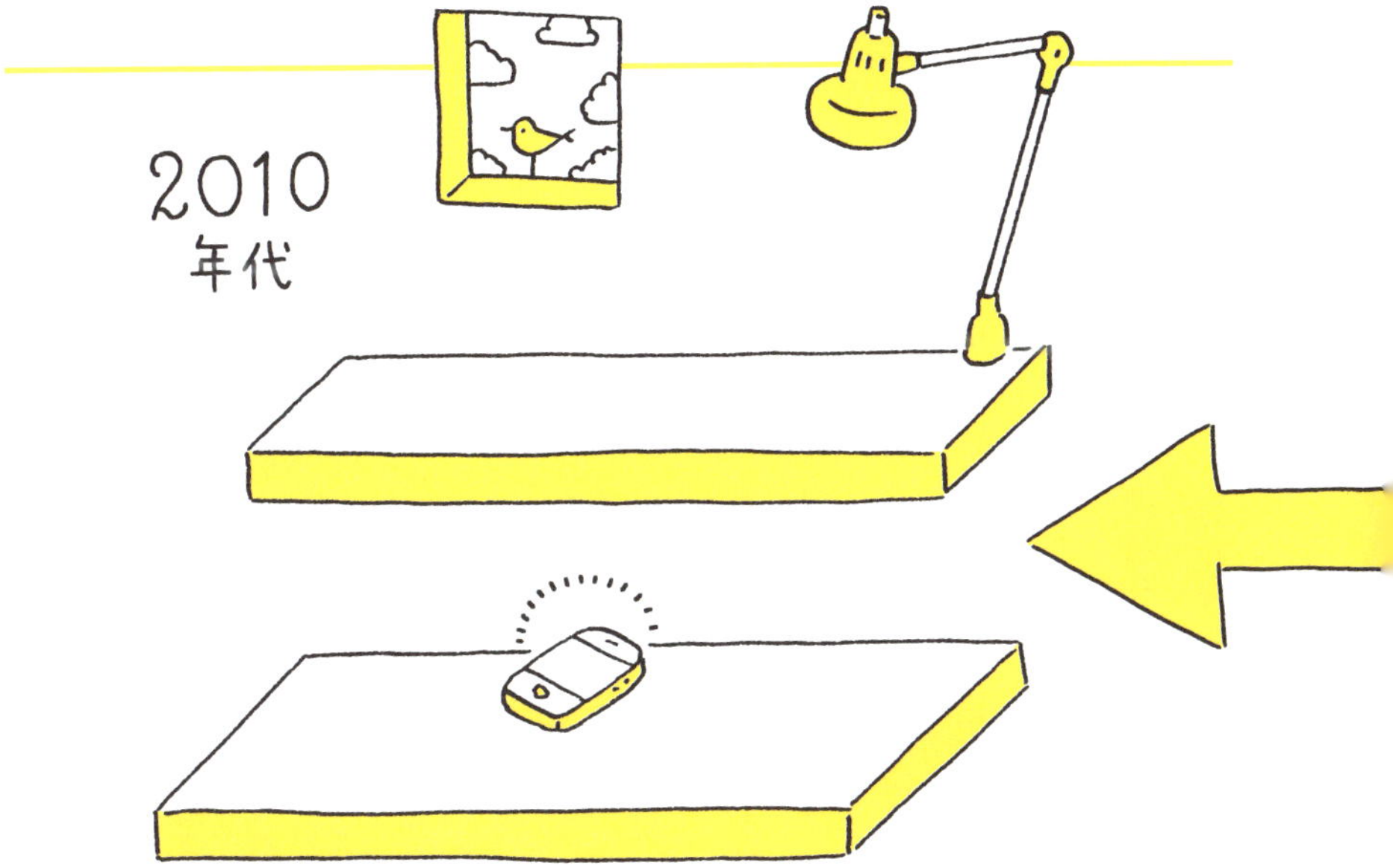

びに来たときには、トランプや将棋《しょうぎ》、ボードゲームなどで遊ぶことも一般《いっぱん》的でした。

部屋のインテリアとしては、壁《かべ》のどこかに時計がかかっていて、自分の好きなアイドルやスポーツ選手のポスターを飾《かざ》っている中高生も多かったでしょう。

そして机の上には、国語辞典と英和辞典、和英辞典などの辞書が並んでいます。勉強しながらわからない言葉や英単語に出会ったら、辞書を引いて調べるわけです。

……ここまでの話を聞いて、気づいたことはありませんか？

勘《かん》のいい人ならこう思ったはずです。

「そんなの、ぜんぶスマホでできるじゃん！」

そう。音楽を聴くこと、最新情報を仕入れること、本やマンガを読むこと、ゲームで遊ぶこと、時間を知り、写真を眺《なが》め、わからない単語を調べること。これらすべてが、いまではスマホ1台でこなせるようになりました。

もちろんスマホがあれば電話もできるし、LINEやツイッターで友だちと連絡《れんらく》をとり合うことも、写真や動画を撮影《さつえい》することもできます。わざわざ誰かの「部屋」に集まらなくても、みんなが「スマホのなか」に集まっている。中高生時代のお父さんやお母さんにスマホを見せたらどれだけ驚《おどろ》くでしょう?

みなさんが学校でなにを学んでいるか、なぜ学校に通っているか、なんとなくわかってきましたか?

いま、みなさんがあたりまえに暮らしている21世紀は「魔法の国」だということ。そしてみなさんは、学校という場所で「魔法の基礎《きそ》」を学んでいること。

どんな大発見や大発明も、すべては学校で学ぶ知識をベースに成《な》し遂《と》げられてきました。国語、数学、理科、社会、そして英語。これらはすべて、みなさんがあたらしい未来をつくっていくための「魔法の基礎」なのです。

勉強の目的は、いい高校や大学に合格することでも、いい会社に就職することでもありません。もっと大きな、もっと輝《かがや》かしい未来をつくるために、勉強しているのです。

学校は、未来と希望の工場である。そんなふうにいってもいいでしょう。

世界を変えた数学者、ニュートン

「数学の方程式なんか勉強しても、社会に出てから使わないでしょ？」

中学生のみなさんがよく口にする言葉です。そして大人たちの多くもまた、この問いに正面から反論することはできません。実際のところ、会社で働きながら方程式を使うような場面なんてないからです。

【人物1】

では、数学はほんとうに役立たずの学問なのか？

理科や社会も、勉強しなくていいのか？

そんなことはありません。ここでひとり、人類の歴史を変えた数学者を紹介《しょうかい》しましょう。

その人の名は、**アイザック・ニュートン**（人物1）。

みなさんも名前は知っていますよね？　たぶん「木から落ちるリンゴを見て、万有引力《ばんゆういんりょく》の法則を発見した」といったエピソードも聞いたことがあると思います。

でも、地球に引力があること（物体を引き寄せるような力が働いていること）くらい、ニュートンの時代の人たちはみんな知っていました。ニュートンは、引力そのものを発見したわけではありません。

それでは、ニュートンはなにを発見したのか？

数学です。もう少し詳《くわ》しくいうと、**ニュートンは微積分《びせきぶん》（微分と積分）学という「あたらしい数学」を発見したのです。**微積分の詳しい中身については、みなさんも高校や大学に進んでから学ぶはず。とりあえず今日のところは、「そういうジャンルの数学がある」ということだけ覚えておいてください。

20世紀を代表する物理学者・アインシュタインは、ニュートンのことをこんなふうに評価しています。

「ニュートンにとっての自然とは、開かれた本であり、彼はそこに記された文字を苦もなく読むことができた」

木からリンゴが落ちること。地球は太陽のまわりを回っていること。その地球のまわりを月が回っていること。こうした自然界のありとあらゆる現象を、まるで一冊の本を読むように苦もなく読み解いていく。

なぜそんなことができたのか？

まだ誰も知らない、「あたらしい数学」を発見したからです。この数学を使えば、自然界の現象をどんどん説明していくことができる。ニュートンにとっての微積分学は、「あたらしい数学」というよりも、**「世界を説明するためのあたらしい言葉」**といったほうが的確なのかもしれません。

そんなニュートンの功績を挙げていけば、軽く一冊の本になるくらいたくさんあるのですが、ここでは「万有引力の法則」に絞《しぼ》ってお話ししましょう。

木から落ちるリンゴのエピソードには、続きがあります。

ニュートンがそこで考えたのは、**「リンゴは木から落ちるのに、どうして月は落ちてこないのだろう？」**という疑問でした。地球に引力があるのなら、月だって落ちてこないと理屈《りくつ》が合わない。月が空（宇宙）に浮かんでいるのはおかしいじゃないか。

そんな疑問からたどり着いたのが、「万有引力の法則」です。

万有引力の「万有」とは、「すべてのものがもっている」ということ。要するに万有引力とは、「この宇宙に存在するすべての物体は、引力をもっている」という意味なのです。地球だけでなく、月にも、太陽にも、リンゴや人間にだって引力がある。ニュートンは、それを数学によって証明しました。

そして月がリンゴのように落ちてこない理由にも、ニュートンは数学的な答えを出しました。もともと月は、地球のまわりをぐるぐると回っています。公転と呼ばれる運動です。このとき月には、車で急カーブを曲がるときと同じような、外側へ飛び出そうとする力（遠心力）が働きます。この遠心力と、地球と月の引力がぴったり釣《つ》り合《あ》っているから、月は落下することなく、ぐるぐると回り続けているのです。もちろん、人工衛星が地球のまわりを回るのも同じ理屈です。

でも、万有引力の「リンゴや人間にだって引力がある」という話は、納得がいかないかもしれません。だって、どんなに手を近づけたって、リンゴがくっつくようなことはありませんよね？

この理由は簡単です。リンゴが人間にくっつかないのは、それよりもはるかに強い地球の引力が働いているから。万有引力には「質量が大きければ大きいほど、引力も強くなる」という法則があります。そして地球上でいちばん質量が大きいもの（重たいもの）といえば、当然ながら「地球」です。しかもリンゴや人間、船や飛行機なんかよりも、圧倒《あっとう》的に重たい。圧倒的な

なぜリンゴは
落ちるのに、
月は落ちて
こないんだろう?

引力で、すべてのものを引っぱっている。地球上にいる限り、地球以外の引力を実感することはほとんど不可能です。

その唯一《ゆいいつ》の例外が、月でしょう。満潮や干潮といった潮の満ち引きは、遠く離れた月の引力が地球に作用して起こる現象です。また、月に行くと重力が軽くなる、という話は聞いたことがありますよね？　これも地球と比べて月の質量が小さいから、そのぶん重力も小さくなっているわけです。

ニュートンは、こうした運動や力に関する法則を、微積分学という「あたらしい言葉」で説明してみせました。

もしも「万有引力の法則」がなければ、ロケットが月に行くことも、宇宙ステーションや人工衛星が地球のまわりを周回することもなかったでしょう。そして人工衛星がなければ、衛星放送、天気予報、カーナビ、スマホの地図アプリ、国際電話など、みなさんの暮らしを支えるさまざまな「魔法」が消えてしまいます。

ニュートンは、数学によって世界を読み、数学によって世界を変えたのです。続いて、彼がどんな人物だったのか、その半生を振《ふ》り返《かえ》ってみましょう。

「たったひとりの1年半」が成《な》し遂《と》げた偉業

いったいニュートンは、どこで生まれてどんなふうに育ったのか。

ニュートンがイギリスの小さな農村に生まれたのは、1642年のクリスマス。日本でいうと江戸時代、三代将軍徳川家光《とくがわいえみつ》の時代です。

意外にも生まれながらの大天才、というわけではありません。**中学に入ったころの成績は、学年で下から2番目。**しばらくすると勉強するようになるのですが、その理由も「ケンカした友だちを見返したかったから」。いわゆる優等生とは違《ちが》いますね。

こうして「友だちを見返すため」に猛《もう》勉強したニュートンは、ケンブリッジ大学のトリニティカレッジに進学します。彼の才能が本格的に開花するのは、大学生になってからなのです。

ニュートンが入学した当時、ケンブリッジ大学では、哲学を中心に授業が組まれていました。古代ギリシャのプラトンやアリストテレスなど、ニュートンの時代から2000年近く前に生まれた、古典哲学を学ぶわけです。

きっと最初のうちはおもしろかったのでしょう。当時ニュートンがとっていたノートを見ると、哲学に関するメモが、びっしりと書き残されています。

しかし、その哲学ノートは途中《とちゅう》でとぎれてしまいます。ニュートンは大きな悩みを抱えていました。自分が取り組む学問は、これでいいのだろうか。ほんとうに哲学だけで、世界を知ることができるのだろうか。

そして哲学ノートに数十ページ分の空白をあけて、ニュートンは突如《とつじょ》こんな言葉を書き記すのです。

「わたしはプラトンの友であり、アリストテレスの友である。しかし『真理』は、もっとすばらしい友なのだ」

ここからニュートンは、哲学ノートにこれから自分が研究するべきテーマを列挙していきます。「地球」「物質」「時間と永遠」「空気」など、そこに挙げられたテーマは哲学というより、現代でいう科学に近いものばかりでした。

もし、ニュートンがそのまま哲学の勉強にふけっていたら、万有引力の法則も、微積分学というあたらしい数学も、その他「ニュートン力学」と呼ばれる力学体系も、成立していなかったでしょう。

哲学のすばらしさは認めるけれど、哲学だけでは「真理」にたどり着けない。悩みに悩んだニュートンは、ここで数学という「あたらしい真理」に大きく舵《かじ》を切ったのです。

そんな矢先、ニュートンに大きな試練が降りかかります。

1665年、イギリスの都市ではペストという伝染病《でんせんびょう》が大流行し、それはニュートンがいたケンブリッジ大学も例外ではありませんでした。「黒死病《こくしびょう》」とも呼ばれるペストは、14世紀にヨーロッパじゅうで大流行し、当時全ヨーロッパの3分の1にあたる人々が亡くなった恐ろしい病気です。このときも大学は閉鎖《へいさ》（休校）に追《お》い込《こ》まれ、ニュートンは故郷の田舎町《いなかまち》に戻《もど》ることになりました。そしてペストの猛威《もうい》がおさまるまでの約1年半、彼はなにもない田舎町で過ごすことになったのです。

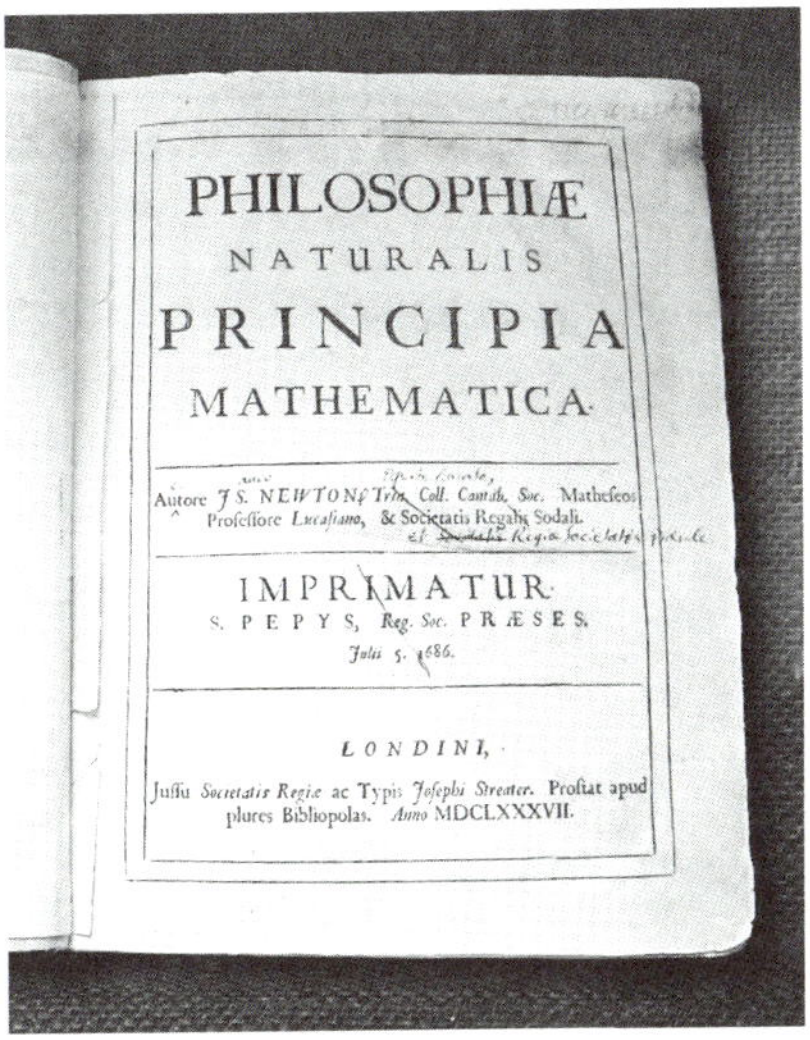

ニュートンが著《あらわ》した
『プリンキピア（自然哲学の数学的諸原理）』。
彼自身が所有していた初版本の扉《とびら》
©Andrew Dunn,5 November 2004

先生もいなければ、仲間もいない。図書館も研究施設《しせつ》もない。たとえるなら、練習場所を奪《うば》われたスポーツ選手のような状態です。もっと研究したい、真理にたどり着きたい、と思っていたニュートンにとっては、絶体絶命のピンチだったことでしょう。

ところが彼は、これをチャンスに変えます。

ニュートンの「微積分学」や「万有引力の法則」など、人類史をひっくり返すような研究の大半は、田舎町での**「たったひとりの1年半」**のあいだに成し遂げられたのです。

のちにニュートンは、当時のことを振《ふ》り返《かえ》ってこんなふうに書いています。

「あの日々は、わたしの発明の才能の最盛期《さいせいき》で、あれ以来、あのころ以上に数学と哲学に打ち込んだことはありません」（ピエール・デ・メゾーへの手紙）

現代のわたしたちがニュートンから学ぶべきことは、たくさんあります。

まず、**中学時代の成績なんて、ほとんど関係ない**ということ。

そして、**たとえ（ケンカ相手を見返したい、というような）不純な動機であっても、本気で勉強すれば成績は伸《の》びる**ということ。

さらに、**数学は哲学とは別の角度から真理を探究する学問である**、ということ。

それから最後に、**どんなに苦しい環境《かんきょう》に追い込まれても、たったひとりになっても、世界をひっくり返すことはできる**ということ。

実際の話、ニュートンは「数学という魔法」によって世界を変えました。しかも「たったひとりの1年半」で、世界を変えてみせました。

もしも彼が、みなさんの「数学なんて、なんの役にも立たない」という声を聞いたら、どう答えるでしょう？　ちょっと想像してみると、おもしろいかもしれません。

最大のキーワード「知は力なり」

ニュートンのことはなんとなくわかりました。それでもまだ、疑問は残ります。いったいなぜ、ニュートンは古典的な哲学から、数学という「あたらしい真理」へと方針転《てん》換《かん》をしたのでしょうか？　哲学が嫌いだったわけでもなく、昔の哲学者のことも心の友だと思っていたのに、不思議ですよね？

ここで登場するのが、ケンブリッジ大学トリニティカレッジの大先輩《せんぱい》にあたる、**フランシス・ベーコン**という人物です（人物2）。

ニュートンほど有名な人物ではありませんし、はじめて聞く名前かもしれません。いったいどんな人なのか、簡単にご紹介しましょう。

フランシス・ベーコンは、ニュートンが生まれる100年近く前、16世紀から17世紀にかけて活躍《かつやく》した、イギリスの哲学者です。でも、ベーコンのことを、ただ「哲学者」と呼ぶには少

【人物2】

し抵抗《ていこう》があります。

わずか12歳でケンブリッジ大学トリニティカレッジに入学したベーコンは、法律家でもありました。しかも、法務長官や大法官（裁判官の最高位）を務めたほどの法律家でした。そして彼は、政治家でした。しかも枢密顧問官《すうみつこもんかん》として、国王にさまざまなアドバイスをする、現在の日本でいう官房長官《かんぼうちょうかん》のような地位に就《つ》くほどの大政治家でした。さらに彼は、科学者でした。もちろん、哲学者でもありました。

要するに、ひとつのジャンルでは収まりきれないほどの才能をもった人物だったのです。

そんなベーコンが残した、有名な言葉があ

ります。

「知は力なり」

ベーコンは、「知識とはなにか？」という問いに対して、「力だ」と断言します。人類を前進させ、未来を変える、圧倒的な「力」なのだと。

ただし、ベーコンはここで、ひとつの条件をつけます。

古代ギリシャの時代から続く、昔ながらの哲学には限界がある。**学問の目標は、地位や名声を得ることでも、いばることでも、誰かを言い負かすことでもない。ほんとうの目標は、人類の未来を変えるような、発明と発見にあるのだ。**それが「力」だ。

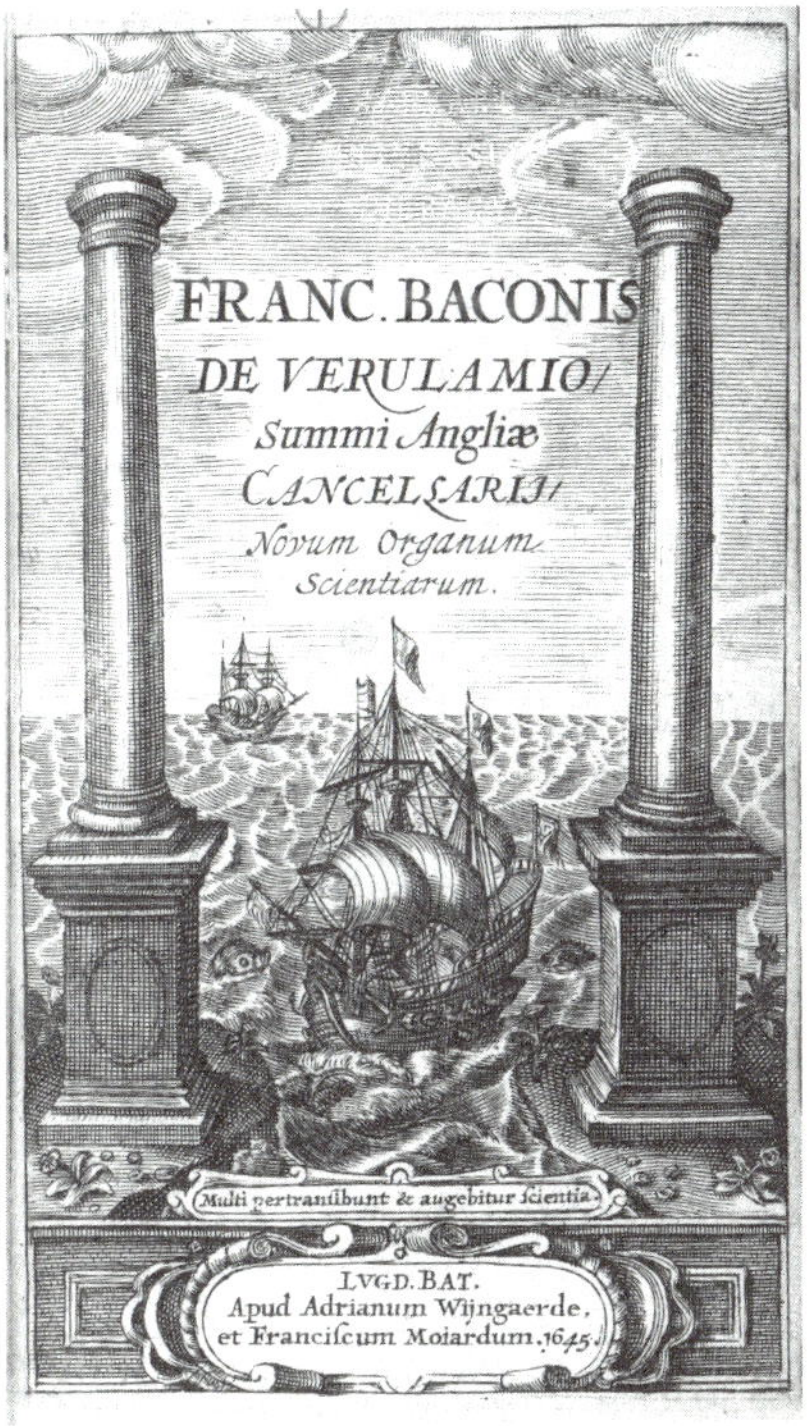

ベーコンが、人間を惑《まど》わす４つの思い込みを説いた『ノヴム・オルガヌム』
©EC.B1328.620ib, Houghton Library, Harvard University

昔ながらの哲学では、誰かを言い負かすことはできても、あたらしい発明や発見にはつながらない。言い争いが続くだけだ。われわれは学問を再生し、われわれ学問を立て直さなければならない、と。

そこでベーコンが主張したのが、「観察と実験」の大切さでした。

ものすごくシンプルにいうと、こういうことです。哲学者は、理屈をこねているだけだ。ちっとも現実を見ようとしない、ウソつきだ。もし、真理にたどり着くようなあたらしい法則を打ち立てたいのなら、自然（現実）をしっかり「観察」し、さまざまな「実験」を重ね、その結果をじっくり検討しなければならない。なんのデータもない口先だけの理屈では、世のなかを変えるような法則は出てこない。

いま、みなさんが聞いたら「そんなのあたりまえじゃん」と思うかもしれません。

理科の授業でやっていることを思い出してください。植物の成長記録、顕微鏡《けんびきょう》での微生物《びせいぶつ》の観察、二酸化マンガンと過酸化水素水を使った化学反応の実験、ヨウ素液を使った光合成の実験などなど。まさに「観察と実験」ばかりですよね。

ベーコンは、議論をこねくり回す哲学ではない「観察と実験」の先に、未来を変えるような発明があり、発見があると考えました。

こうしてベーコンが唱えた、データ（観察と実験）を重視するあたらしい「知」の方法、事実を踏まえて、理論や結論を導き出すこの考え方は「帰納法《きのうほう》」と呼ばれ、これこそがニュートンに受《う》け継《つ》がれ、近代科学の基礎となっていったのでした。

人間を惑《まど》わす4つの「思い込み」

それではなぜ、哲学者でもあったはずのベーコンは、昔ながらの哲学を否定するような考えをもったのでしょう？

彼は、人間がおちいる「思い込み」の罠《わな》を恐れていたのです。

たとえばいま、みなさんがまっ赤なレンズのメガネをかけているとします。

そこから見える世界は、きっとおかしな色になりますよね？　白い壁がピンク色に見えたり、木々の緑が黒っぽく見えたり、およそ正確な色を知ることができなくなる。壁や植物の色だけでなく、信号の色さえわからないのですから、日常生活にも困ってしまう。そんなメガネ、すぐに外してしまうでしょう。

でも、自分の知らないうちに、それこそ赤ちゃんのころからずっと赤いメガネをかけていたら、どうなるでしょうか？

……そう、たぶん自分が赤いレンズを通して世界を眺めていることに気づかないまま、ほんとうの赤や青や黄色を知らないまま、「世界はこんな色なんだ」と思い込んでしまうはずです。

ベーコンは、こうした「思い込み」から抜け出さないと、ほんとうの「知」にはたどり着けないと考えました。人間は、心のなかでどんな「思い込み」のメガネをかけているかわかりません。昔の人たちは、月にウサギがいると思っていました。池や川でおぼれるのは、河童が足を引っぱるからだと思っていました。雷《かみなり》が鳴るのは、雲の上でカミナリ様が怒《おこ》っているからだと思っていました。そしていまのみなさんたちも、これとよく似た「思い込み」にとらわれている可能性は高いのです。

世界を正しく眺めるために、そして世のなかのウソにだまされないために、ベーコンが掲《かか》げた4つの「思い込み（彼はそれをイドラと呼びました）」を紹介します。

1　人間の思い込み（種族のイドラ）

みなさんも、一度くらいは迷子になったことがあると思います。どうして迷子になるのかといえば、建物や壁に阻《はば》まれて、自分の歩く先がよくわからないからです。もしも人間が鳥のように空を飛べたなら、もう道に迷うことはありません。高いところから見れば、正しい道は簡単にわかりますし、そもそも「道」を歩く必要もないからです。

人間は、身体的な特徴《とくちょう》、あるいは脳のしくみなどによって、なにかを知るうえでさまざまな制約を受けています。こうした「人間であること」に基《もと》づく思い込みのことを、ベーコンは

「種族のイドラ」と呼びました。

たとえば、朝日や夕日は昼の太陽より大きく見えます。しかし、太陽の大きさが変わるわけではありません。これは目の錯覚《さっかく》で、ベーコンのいう「種族のイドラ」なのです。

2　個人の思い込み（洞窟《どうくつ》のイドラ）

みなさんはそれぞれ自分だけの人格をもった、オンリーワンの人間です。生まれた場所も、育った環境も、趣味《しゅみ》も、好きなアイドルも、それぞれ違います。

でも、この「みんな違う」という事実を頭に入れておかないと、おかしなことになります。「わたしはこう思う。だからこれは、みんなにとっても正しいはずだ」と、自分勝手な判断をしてしまうんですね。

サッカー部の人が「サッカーがいちばんおもしろいスポーツだ」と考えるのは自由ですが、それを野球部やバスケットボール部の友だちにまで押《お》しつけてはいけません。なにがおもしろいか、なにが楽しいか、なにが正しいのか、といった考えは、それぞれの個人が自分で決めるべきものなのです。

あるいは、パソコンやインターネットを「子どもが触《さわ》るものじゃない」と考える大人たちがいます。子どもはもっと外で遊ぶべきだ、パソコンで遊ぶなんて不健康だ、と考える大人たちです。

どうしてそんなふうに考えるのか？

答えは簡単で、彼らが子どものころにはパソコンもインターネットもなかったからです。「自分もそうやって育ったのだから、いまの子どもたちも同じように育つべきだ」と考えているんですね。

こうした自己チューな思い込みのことを、ベーコンは「洞窟のイドラ」と呼びました。これは、狭《せま》い洞窟のなかから世のなかを眺めているようなものだ、という意味です。世界はもっと広いのだし、時代は刻々と変化しています。人それぞれにたくさんの考え方があることを知りましょう。

3 言葉の思い込み（市場《いちば》のイドラ）

みなさんの学校でも、いろんなうわさ話を聞きませんか？「あの校舎の3階のトイレにはオバケが出る」とか「あの子とあの子はつき合っている」とか、たくさんのうわさが流れていると思います。

あるいはテレビやインターネットでも、芸能人のうわさ話を耳にするでしょう。

言葉とは恐ろしいもので、たとえ自分が経験していないこと、そしてありえないようなことでも、人から「あの先生とあの先生、ほんとうはものすごく仲が悪いらしいよ」と聞くと、思わずそれを信じてしまうようなところがあります。**こうした伝聞にまつわる思い込みのことを、ベーコンは「市場のイドラ」と呼びました。**たくさんの人が集まる市場で、うわさ話が広がっていく様子から名づけられた言葉です。

たとえば、みなさんのお父さんやお母さんが若いころ、「ノストラダムスの大予言」といううわさ話が日本じゅうに広まったことがありました。１９９９年の7月に「恐怖《きょうふ》の大王」が空から降ってくる、人類はそれで滅亡《めつぼう》する、という話です。いまとなっては笑い話ですが、たくさんの「予言の本」も出版され、本気で信じる人もたくさん出るなど、大騒《おおさわ》ぎになりました。

また、冷静に考えればウソだとわかるはずの振り込め詐欺《さぎ》は、「市場のイドラ」に振り回されやすい人間の弱さにつけこんだ犯罪といえるかもしれません。

4　権威《けんい》の思い込み（劇場のイドラ）

みなさん、先生の言うことを信じすぎていませんか？

もちろん、正しい先生はたくさんいます。尊敬できる先生、恩師と呼べるような先生との出会いは人生の宝です。

でも、**先生の言うことを「偉《えら》い人が言っているから」という理由で信じてはいけません。** われわれ人間は「偉い人」や「社会的に認められている人」、「テレビや新聞に出ている有名人」などの話を、つい鵜呑《うの》みにしてしまうところがあります。

こうした思い込みのことを、ベーコンは「劇場のイドラ」と呼びました。 舞台《ぶたい》の上でのみごとな演技を、つい真実のように錯覚してしまう観客から名づけられた言葉です。大切なのは「誰が言っているか」ではなく、その人が「なにを言っているか」だと理解してください。もちろん、過去の常識に縛《しば》られる必要もありません。

一例を挙げるなら、テレビで紹介されていたあやしいダイエット法を、「こんな専門家が言ってるんだからほんとうだろう」「テレビで紹介されているんだから正しいはずだ」と信じ込むこと。これは典型的な「劇場のイドラ」です。

以上が、ベーコンの考える4つの「思い込み」です。

人間のからだや脳のしくみなどからくる「人間の思い込み」。

自分の考えはすべて正しいと勘違いしてしまう「個人の思い込み」。

まわりの評判やうわさ話を鵜呑みにする「言葉の思い込み」。
そして、偉い人や有名な人の言うことを信じてしまう「権威の思い込み」。

人間はどうしたって、これらの思い込みにとらわれてしまうものです。学校の先生でも、会社の社長さんでも、総理大臣や大統領だって同じです。もちろんみなさんも、自分で気づかないうちにたくさんの思い込みにとらわれているでしょう。これは人間を縛る、鎖《くさり》のようなものです。

そうした思い込みの鎖を断《た》ち切《き》るには、どうすればいいのか？

ベーコンの答えは「観察と実験」でした。

ただ考えるだけでは、思い込みの鎖に縛られてしまう。もっと客観的に世界を眺めて、思い込みではない、事実（データ）を集めよう。そして自分の考えを正解だと決めつけず、何度となく実験してみよう。観察と実験をくり返すことで、少しずつ真理に近づいていこう。ベーコンは、そう考えたのです。

そして今日、みなさんは世のなかのウソを見抜き、自分の思い込みを突破《とっぱ》して、あたらしい世界をつくっていく法則を学んでいきます。

知は力なり。これから、ほんとうの「知」を学ぶ旅に出ましょう。

愚者《ぐしゃ》は経験に学び、賢者《けんじゃ》は歴史に学ぶ

ここまでの話を聞いて、ちょっと不思議に思っているかもしれません。未来の話をするはずなのに、これからの話をするはずなのに、ニュートンだとかベーコンだとか、昔の人の話ばかりをしている。もっと未来の話を聞かせてくれよ。……そんなふうに思ってないでしょうか？

ぼくは今回、未来の話をします。これからの話をします。

でも、**本気で未来をつくろうと思うなら、過去を知る必要があります。**

世界を変えるのは、いつだって人間です。

マンモスを追いかけるような原始生活からはじまった人類の歴史は、さまざまな「世界を変えた人たち」の努力によって前進し、未来を切《き》り拓《ひら》き、文明を発展させてきました。もしも彼らが現れなかったら、人間なんてとっくに滅《ほろ》びていたかもしれません。

いったい「世界を変えた人たち」は、どんなふうに育ち、どんなことを考え、どんなことに疑問を抱《いだ》いたのか。そしてどんな壁にぶつかり、どうやって壁を突破したのか。彼らの生き方や考え方から、**「未来をつくる法則」**を導き出すことはできないか。

未来をつくるために、過去を知る。これから世界を変えるために、かつて世界を変えた人たち（変革者）を学んでいく。それがこの特別講義の大テーマです。

紹介する人物は、総勢20人。そして彼らの人生から、5つの「未来をつくる法則」を学んでいきます。次の5つの法則です。

法則1　世界を変える旅は「違和感《いわかん》」からはじまる

法則2　冒険《ぼうけん》には「地図」が必要だ

法則3　一行の「ルール」が世界を変える

法則4　すべての冒険には「影《かげ》の主役」がいる

法則5　ミライは「逆風」の向こうにある

ドイツ帝国《ていこく》の初代首相《しゅしょう》、オットー・フォン・ビスマルクは、こんな言葉を残したといわれています。

「愚者は経験に学び、賢者は歴史に学ぶ」

これはベーコンが語った「個人の思い込み」ともつながる言葉ですが、自分だけの経験、自分だけのアイデア、自分だけの方法にこだわるのは、愚《おろ》かなことです。歴史を学ぶのは、「過去になにがあったか」を知るためではありません。「これからどうするか」を考えるために歴史を学び、過去の変革者たちを学ぶのです。

何百年も前に世界をひっくり返した天文学者。2億人もの人々を病魔《びょうま》から救った化学者。世界的なベストセラーを生み出した小説家。政治家、発明家、経営者、有名な日本人から無名な外国人まで、男性も女性も、くまなく紹介していきます。きっと彼らのつくってきた「歴史」のなかから、たくさんの気づきがあるはずです。

それでは一緒《いっしょ》に学んでいきましょう。

ガイダンスまとめ

1
いま、みんなは「魔法」のなかに生きている

2
学校は「未来」と「希望」の工場だ

3
ニュートンが発見したのは引力ではなく「数学」だった

4
ニュートンは数学という「あたらしい言葉」で世界を説明した

5
いちばん大事な言葉「知は力なり」

6
人間は「思い込み」に支配されている

7
思い込みを抜け出して「あたらしい世界」をつくろう

1時限目

世界を変える旅は「違《い》和《わ》感《かん》」からはじまる

きみが「冒《ぼう》険《けん》」に出る理由

みなさんは、映画の『となりのトトロ』を観《み》たことがありますか？

サツキとメイの姉妹《しまい》が出会う、不思議な生きものトトロ。ふたりが引《ひ》っ越《こ》した家に住みついていた、まっくろくろすけ。物語の終盤《しゅうばん》に大活躍《だいかつやく》するネコバス。

この不思議な生きものたちは、大人の目には見えません。トトロが空を飛んでも、ネコバスが電線の上を走《はし》り抜《ぬ》けても、見えているのはサツキとメイだけ。もしかすると彼女《かのじょ》たちも、大人になったら見えなくなるのかもしれません。


いま、みなさんには「大人たちには見えないもの」が見えています。


さすがにトトロやネコバスが見える人はいないでしょう。でも、目を凝《こ》らしてください。世界を眺《なが》め、大人たちを眺め、自分の心を眺めてください。大切なものが見えてくるはずです。

たとえば朝、パジャマを脱《ぬ》いで制服に着替《きが》えながら「どうして男子はズボンをはいて、女子はスカートをはくんだろう？」と考える。国語の授業中に「どうして国語の教科書は縦書きで、ほかの教科書は横書きなんだろう？」と考える。あるいは夜、ベッドに入ってからなんとなく「人はなんのために生まれてくるんだろう?」と考える。

身近な疑問から人生そのものを問うような疑問まで、大小さまざまな「なんで?」「どうして?」を考える機会があるでしょう。

じつは、大人になっていくと、こうした疑問を感じにくくなります。

仕事が忙《いそが》しくて、余計なことを考える時間がない。仕事に直接関係しないような疑問は「余計なこと」として切り捨ててしまう。

さらには、もう何十年も「男子はズボン、女子はスカート」「国語の教科書は縦書き」といった常識に染まって生きてきたせいで、それをおかしいと思うことができない。たしかな答えを知っているわけでもないのに、疑問を感じることができなくなる。なんとなく「わかったつもり」になっている。まさに、ベーコンの言う「思《おも》い込《こ》み」の罠《わな》にはまった状態です。

一方、**若いみなさんは、まだ大人の常識に染まりきっていません。**

公園で知らない草花を見つけたとき、テレビのニュースでなにかの事件に触《ふ》れたとき、コンビニで買いものをするとき、道路の交通標識を見たとき。日常生活のなかで、さまざまな違和感を抱《いだ》くことがあるはずです。「これってなんだ?」と不思議に思ったり、「なんかおかしくない?」と疑問を感じたりすることがあるはずです。

この**「小さな違和感」**を大切にしてください。

違和感をスルーせず、自分のなかで大切に育ててください。

なぜなら、**その小さな違和感こそが、未来につながる冒険の扉《とびら》**なのです。


ベーコンは「知は力なり」と断言しました。

そしてほんとうの「知」は、「疑うこと」からはじまります。

世のなかにあふれる常識、権威《けんい》、限界、慣習など、さまざまな「あたりまえ」に疑いの目を向けること。大人たちがスルーしている疑問を、自分の頭で考えること。それが「知」の第一歩なのです。


いま、みなさんのまわりには、たくさんのウソがあふれています。

100年後や200年後の人たちから「そんな迷信《めいしん》を信じてたの?」「こんなことも知らなかったの?」と大笑いされるような常識が、たくさんあるはずです。もしかしたら教科書のなかにさえ、ウソが書いてあるかもしれません。少なくとも、100年前の教科書には、いまとなってはウソとしかいいようのない話がたくさん書かれていました。


そしてみなさんには、ウソを見破るだけの力があります。

ベーコンが指摘《してき》した「思い込み」にとらわれず、小さな違和感を察知する、優《すぐ》れた感性をもっています。

変革者たちは、自分のなかに芽生えた「小さな違和感」を掘《ほ》り下《さ》げ、常識を疑い、ウソを見破ることから、冒険をスタートさせてきました。

この1時限目では、「疑うことの意味」と「疑うときのルール」について、過去の変革者たちの事例を交えながら紹介《しょうかい》していきたいと思います。

課題解決から「課題発見」の時代へ

もしかするとみなさんは、先生やご両親から「人を疑うのはよくない」と教えられてきたかもしれません。

でも、こう考えてください。

友だちや先生、ご両親など、まわりにいる「人」を疑う必要はない。

けれども、その人たちの語る「コト」については、疑いの目を向けたほうがいい。なんでも鵜呑《うの》みにせず、自分の頭で考える癖《くせ》をつけたほうがいい。

いいですか、**「人」を疑うのではなく、「コト」を疑うのです。**この「人とコト」を切《き》り離《はな》し

【人物3】

て考える習慣をつけておきましょう。

それではなぜ、疑う力が大切なのか。

みなさんのご両親が中高生だったころ、また、おじいちゃんやおばあちゃんが若かったころ、疑う力は、それほど重要視されていませんでした。むしろ当時は、「なんの疑いももたず、与《あた》えられた課題をガンガンこなす人」が求められていました。数学の問題集をたくさん解いていくような、**「課題解決」**の力です。

でも、「なんの疑いももたず、与えられた課題をガンガンこなす人」は、いまやアジアやアフリカにもたくさんいます。しかも彼《かれ》らなら、日本人よりもずっと安い給料で働いてくれます。

さらに、コンピュータやロボットを使えば、人間よりもずっと速く、たくさんの課題をこなしてくれます。コンピュータやロボットには、お給料を払《はら》う必要さえありません。こうして昔ながらの「課題解決」の仕事は、もはや日本人には回ってこなくなってしまったのです。

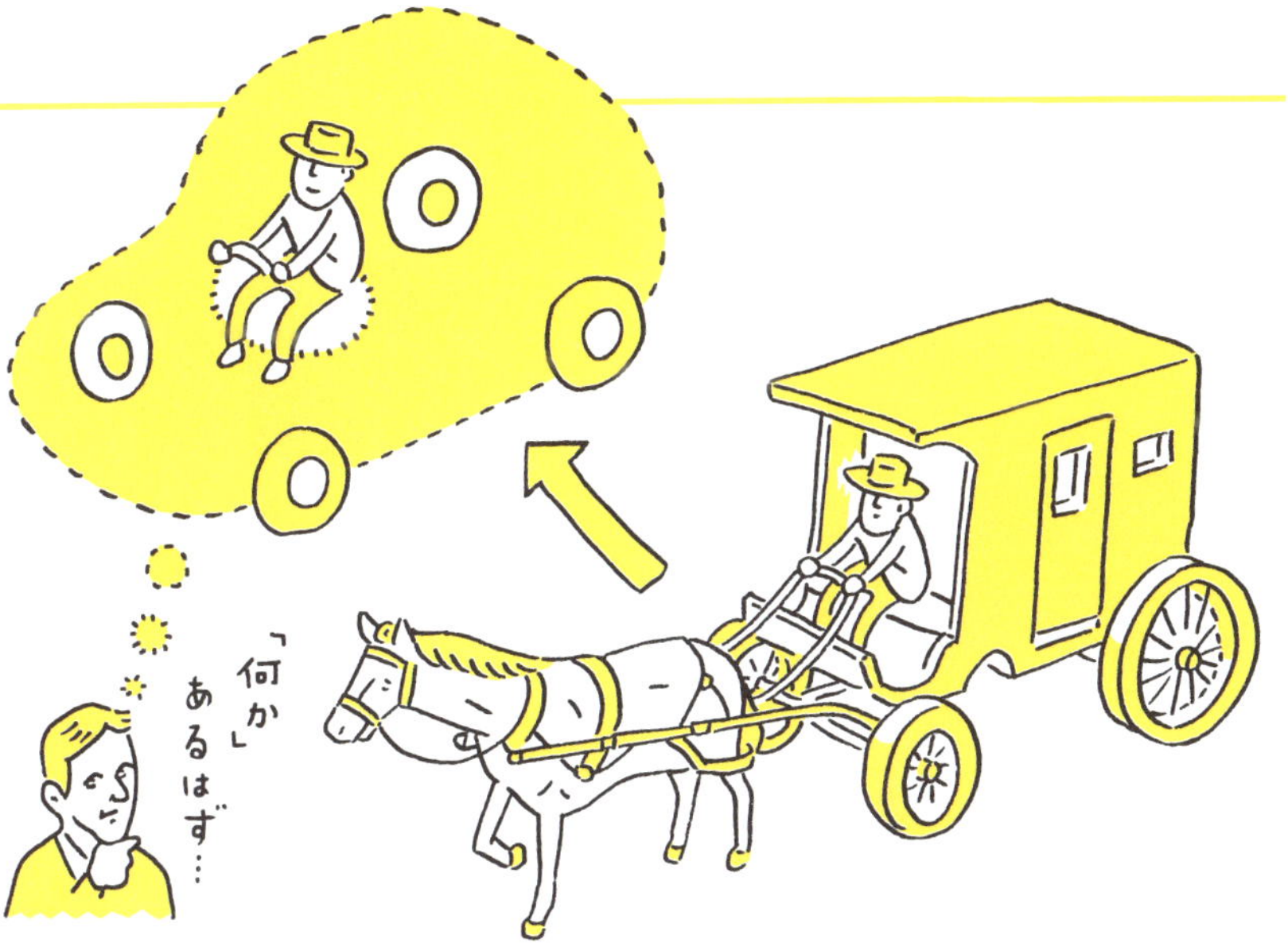

馬車よりも速い乗り物は？

それでは現在、みなさんにはどんな力が求められているのか？

答えはひとつ。**「課題発見」**の力です。

課題発見の意味について、わかりやすい事例を紹介しましょう。

20世紀の初頭に「自動車王」として一時代を築き、世界初の量産型大衆車を製造したアメリカの実業家、**ヘンリー・フォード**（人物3）はこんな言葉を残しています。

「もしも人々になにがほしいか尋《たず》ねたなら、彼らは『もっと速い馬がほしい』と答えていただろう」

自動車が普及《ふきゅう》する前の時代、人々の乗り物はもっぱら馬車でした。

遠くに移動したい、もっと速く移動した

©Kozuch

初期の自動車は「馬なし馬車」と呼ばれ、
カール・ベンツが製作したガソリンエンジンを動力とした
三輪自動車（1886年）も、まだ馬車（写真右）を模した形になっている

い、と思ったとき、ほとんどの人々は「もっと速く走れる馬を手に入れよう」と考えました。「馬車」という常識に縛《しば》られ、それ以外の乗り物のことなんて、想像することさえできなかったのです。

しかし、フォードの発想は違《ちが》います。

馬よりも速く、馬よりも疲《つか》れを知らない、もっと便利な「なにか」があるはずだ。

そう考えたフォードは、人間は馬車で移動するものだ、という**当時の「あたりまえ」を疑い、まったく別の道を探《さぐ》っていきました。**そうしてたどり着いた答えが、ヨーロッパで発明されたばかりの自動車だったのです。

当時の自動車は、まだまだ数が少なく、一部の貴族やお金持ちにしか買えない「超《ちょう》ぜいたく品」でした。現在でいうなら、自家用ヘリコプターや自家用ジェット機のような感覚です。自動車が馬車の代わりになるなんて、誰《だれ》も想像していませんでした。

大量生産によって普及したT型フォード（1915年型）。
外形も自動車独自のデザインへと進化した
（写真：AFP=時事）

フォードは、この「超ぜいたく品」である自動車を、どうすれば安く製造できるか考えました。あたりまえの話ですが、自動車にはエンジンがあります。これは複雑で、つくるのにかなりのお金がかかる装置です。そしてその他の部品も、馬車とは比較《ひかく》にならないほど多くなります。このあたりのお金を削《けず》るわけにはいきません。

それではどこを削るのか？　**フォードが目をつけたのは、「時間」でした。**

ひとつの部品をつくるのに1時間かかっていたところを、5分でつくるようにすればいい。そうすれば1時間で12個の部品ができる。1時間分のお給料で、12倍の仕事をしてくれるようになる。

そこでフォードは、のちに「フォード・システム」と呼ばれる、ベルトコンベアを使った流れ作業による大量生産システムを開発します。よく火災訓練のときにおこなうバケツリレーのように、流れ作業で自動車を組み立てれば大量生産できることに気づいたのです。こうして自動車の価格は大幅《おおはば》に引き下げられ、馬車の代わりとなる自家用車が爆発《ばくはつ》的に普及していったのです。

もしもフォードが「課題解決タイプ」の人間だったら。つまり、「もっと速い馬」を探すような人間だったら。自動車の普及は遅《おく》れていたでしょう。それどころか、「流れ作業でたくさんつくる」というシステムそのものの誕生が遅れ、重工業全体の発展にも大きな影響《えいきょう》があったはずです。

もともと「発明王」トーマス・エジソンの会社に勤務していたフォードは、与えられた課題を解決するタイプの人間ではありませんでした。みずからあたらしい課題を見つける「課題発見タイプ」の人間だったのです。

さて、そうやって考えると、いまの日本はたくさんの「馬車」があふれていることに気がつくでしょう。ほんとうは抜本《ばっぽん》的な変化が必要なのに、みんなこれまでの延長線上にある「もっと速い馬」のことしか考えていない。「課題解決」にしか、頭が回っていない。馬車を捨てて、自動車に切《き》り換《か》えるような発想ができない。世のなかにはそうした大人は大勢いますし、もしかするとみなさんの学校にも、過去の常識にとらわれた先生がいるかもしれません。

みんなが「課題解決」ばかり考えてしまうのは、疑う力が足りないから。世間で常識とされていることを疑い、「課題発見」のできる人になりましょう。

「戦場の天使」の意外な素顔《すがお》とは!?

それでは過去の変革者たちは、どうやって世間の常識を疑い、あたらしい課題を発見していったのでしょう?

ここでひとりの女性を紹介したいと思います。

いまから200年近く前、19世紀のイギリスに鋭《するど》い知性で世間の常識を疑い、ひとりで闘《たたか》った気高い女性がいました。彼女の名は、**フローレンス・ナイチンゲール**(人物4)。そう、おそらく世界でいちばん有名な看護師です。

みなさんはナイチンゲールと聞いて、どんな女性をイメージしますか?

【人物4】

きっと「天使のような看護師」を思《おも》い浮《う》かべるでしょうし、少し詳《くわ》しい人なら「戦場の兵士たちをやさしく看護した女性」と答えるかもしれません。

たしかにそれも間違《まちが》いではないのですが、ナイチンゲールが歴史にその名を残した理由は、もっと別のところにあります。

彼女は、ただひたすら看護に尽《つ》くしただけの女性ではありません。「事実としての正しさ」を見極《みきわ》め、大きな「課題発見」を成《な》し遂《と》げた女性だったのです。

1820年、ナイチンゲールはイギリスの裕福《ゆうふく》な家庭に二人姉妹の妹として生まれました。彼女の人柄《ひとがら》を示す、有名なエピソードがあります。

幼いころ、人形をプレゼントしてもらったナイチンゲール姉妹。姉のパーセノープは、人形を乱暴に扱《あつか》って、びりびり洋服を引《ひ》き裂《さ》いて遊んでいました。一方、その隣《となり》に座《すわ》るナイチンゲールは、姉が引き裂いてしまった洋服を針で縫《ぬ》ってあげていました。

なんて心やさしい女の子だろう、と思いますよね？　でも、これを見たナイチンゲールの母親はまったく別の感想をもちました。

子どもが人形を投げ飛ばしたり、その服を破ったり、庭で見つけた虫をつぶしたりするのは、ある意味「子どもらしい」行動だ。かわいらしいし、笑って見ていられる。でも、妹のフローレンス（ナイチンゲール）は違う。子どもらしさのない、扱いにくい子だ。なにを考えているのかよくわからない、変わった子だ。

……母親が感じた不安は、およそ20年後により明確なかたちとなって現れます。25歳《さい》になったナイチンゲールは、思いきって両親に自分の夢を打ち明けたのです。「病院で、看護の仕事に就《つ》きたい」という夢を。

両親のショックは大変なものでした。

いまでは考えられないことですが、当時の人々にとっての看護師とは、知性や品性のかけらも感じられないような、社会的身分の低い仕事だと見なされていました。病院は、不潔で汚《きたな》いところ。みじめな人たちが寄り集まっているところ。そして看護師は、酔《よ》っぱらった患者《かんじゃ》たちを相手にしながら、病院や患者のもちものを盗《ぬす》んだりする、下品な職業。それが常識の時代だったのです。

当然、両親は猛烈《もうれつ》に反対します。

なに不自由ない上流階級に生まれ、最高の教育を与えられ、社交界デビューまで果たした娘《むすめ》が、まさか看護師になりたい、あんなに下品で汚《けが》らわしい職業に就きたいと言い出すとは。両親のショックは計り知れなかったことでしょう。けっきょく、いったんは両親の説得を受け入れたナイチンゲールですが、やはり自分の夢をあきらめるわけにはいきません。

その後も、時間を見つけては医学に関するレポートや衛生局のパンフレットなどを読みあさり、ヨーロッパじゅうの病院や救護所を見学して歩きました。

そして、ついに両親から自立することを決意した彼女は、31歳にしてドイツへと渡《わた》り看護の訓練を受け、33歳のときにロンドンにある慈善《じぜん》看護施設《しせつ》の総監督《そうかんとく》に就任します。周囲の猛反対を押《お》し切《き》って、自分の夢をかなえたのです。

さて、ちょうどそのころイギリスは、ロシアとオスマン帝国《ていこく》（トルコ）のあいだで勃発《ぼっぱつ》した、クリミア戦争に巻《ま》き込《こ》まれてしまいました。

そして戦地では、医師や看護師が極端《きょくたん》に不足していました。負傷した兵士たちの包帯を換える人間さえ、足りないほどでした。新聞でそのことを知ったナイチンゲールは、すぐさま行動に出ます。ぜひ戦地におもむいて兵士たちの看護にあたりたいと、戦時大臣に手紙を送ったのです。

こうして1854年、34歳のナイチンゲールは看護師団を率いて戦地へと向かいました。これはイギリス全体を熱狂《ねっきょう》させる「事件」でした。新聞は、彼女のことを「身の危険もかえりみず、祖国のために立ち上がった上流階級のヒロイン」として大きく報道しました。ナイチンゲールのような上流階級の女性が看護師になること、しかもみずから志願して戦地におもむくこと。これは当時の人々にとって信じられない出来事だったのです。

もし、このクリミア戦争への派遣《はけん》がなければ、ナイチンゲールの名はほとんど誰にも知られないまま消えていたでしょう。せいぜい、「ちょっと変わった上流階級のお嬢《じょう》さん」として記《き》憶《おく》された程度だったでしょう。

さらには、看護師という仕事も、社会的地位が低いままだったかもしれず、現代人の平均寿《じゅ》命《みょう》さえいまより短いままだったかもしれません。

いったい彼女は戦地でなにを見て、なにを考え、どんな行動に出たのか?

ナイチンゲールがその本領を発揮するのは、ここからです。

ナイチンゲールが暴《あば》いた「戦争の真実」

ナイチンゲールが戦地で見たもの。それは、床が腐《くさ》り、壁《かべ》には汚《よご》れと埃《ほこり》がこびりつき、いたるところに害虫が這《は》いまわる、あまりに不衛生な病院でした。空気を入れ換えることもできず、鼻をつくような悪臭《あくしゅう》が立ちこめていたといいます。

さらに、医療《いりょう》器具や薬品が足りないのはもちろんのこと、ベッドも燃料も足りず、石鹸《せっけん》にタオル、お皿や洗面器、スプーンやフォークといった日用品まで不足している、とても病院とは呼べない惨状《さんじょう》です。

この戦地の病院で、ナイチンゲールは不眠《ふみん》不休ともいえる熱心さで、患者たちの看護にあたりました。傷を負った無数の患者たちに包帯を巻くため、8時間もひざまずきました。そして最初の冬だけで2000人もの臨終につき添《そ》い、重態《じゅうたい》の患者ほど彼女自身が看護にあたりました。あたりがまっ暗になった深夜、ランプを掲《かか》げて院内をひとり巡回《じゅんかい》する彼女の姿は、「ランプの貴婦人（ランプ・オブ・レディー）」として後世にまで語《かた》り継《つ》がれることになります。

しかし、このときナイチンゲールは、看護よりもずっと大切な「仕事」に着手していました。のちに彼女は、「看護の仕事は、わたしが果たさねばならない仕事のなかで、もっとも重要度の低いものだった」と振《ふ》り返《かえ》っています。

ナイチンゲールが取り組んでいた、壮大《そうだい》な「仕事」とはなんだったのか？

その全貌《ぜんぼう》が明らかになったのは、クリミア戦争が終結し、彼女がイギリスに帰国したあとのことでした。

当時、新聞などを通じて「クリミアの天使」ナイチンゲールの活躍は、イギリス国内でも連日のように報道され、彼女は国民的なスターになっていました。そうした喧騒《けんそう》を嫌《きら》うように、偽名《ぎめい》を使ってひっそりと帰国したナイチンゲールは、さっそく大きな仕事に取りかかります。

戦場におもむいた兵士が、亡《な》くなってしまうこと。つまり戦死すること。

この「戦死」という言葉を聞いて、みなさんはどんな姿をイメージしますか？

銃弾《じゅうだん》や砲撃《ほうげき》にさらされ、その傷が原因で亡くなってしまうこと。戦死者とは、とうてい助からないような深い傷を負って亡くなった人のことだ。きっと、そんなふうに考えるのではないでしょうか？　少なくとも当時のイギリスの「常識」はそうでした。

ところが、ナイチンゲールが戦地で見た現実は、まったく違います。

前線で負傷した兵士たちが、不衛生極まりない病院に送り込まれる。医療物資も生活物資も足りない、いたるところにダニやシラミがうごめくような病院に、押し込まれる。ここで感染《かんせん》症《しょう》に罹患《りかん》することによって、本来は助かったはずの命が失われていく。**戦場の兵士たちは、戦《せん》**

闘《とう》によって亡くなるのではなく、劣悪《れつあく》な環境《かんきょう》での感染症によって亡くなっていくのだ。それがナイチンゲールの結論でした。

当然、彼女としては、政府に対して「戦地の衛生状態を改善してほしい」と訴《うった》えなければなりません。数多くの兵士が、戦闘とは直接関係のないところで亡くなっているのです。このまま放置するわけにはいかないでしょう。

しかしこれは、政府や陸軍に対して「あなたたちは兵士を無駄《むだ》な死に追いやっている」と告発することでもあり、政治的なスキャンダルにもつながりかねない話でした。おそらく普通《ふつう》のやり方で改善を求めても、認められないでしょう。

そこでナイチンゲールが使った武器が、看護師の道に進む以前、ずっと学んできた数学であり、統計学だったのです。

最初にナイチンゲールは、クリミア戦争における戦死者たちの死因を「感染症」と「負傷」、それから「その他」の3つに分類し、それぞれの数を月別に集計していきました。

その結果、たとえば1855年1月の場合、感染症による死者が2761人、負傷による死者が83人、その他の死者が324人となっています。つまり、負傷を原因とする死者の30倍以上もの兵士たちが、感染症によって亡くなっていたのです。

世界を変えたのは統計学者のナイチンゲール

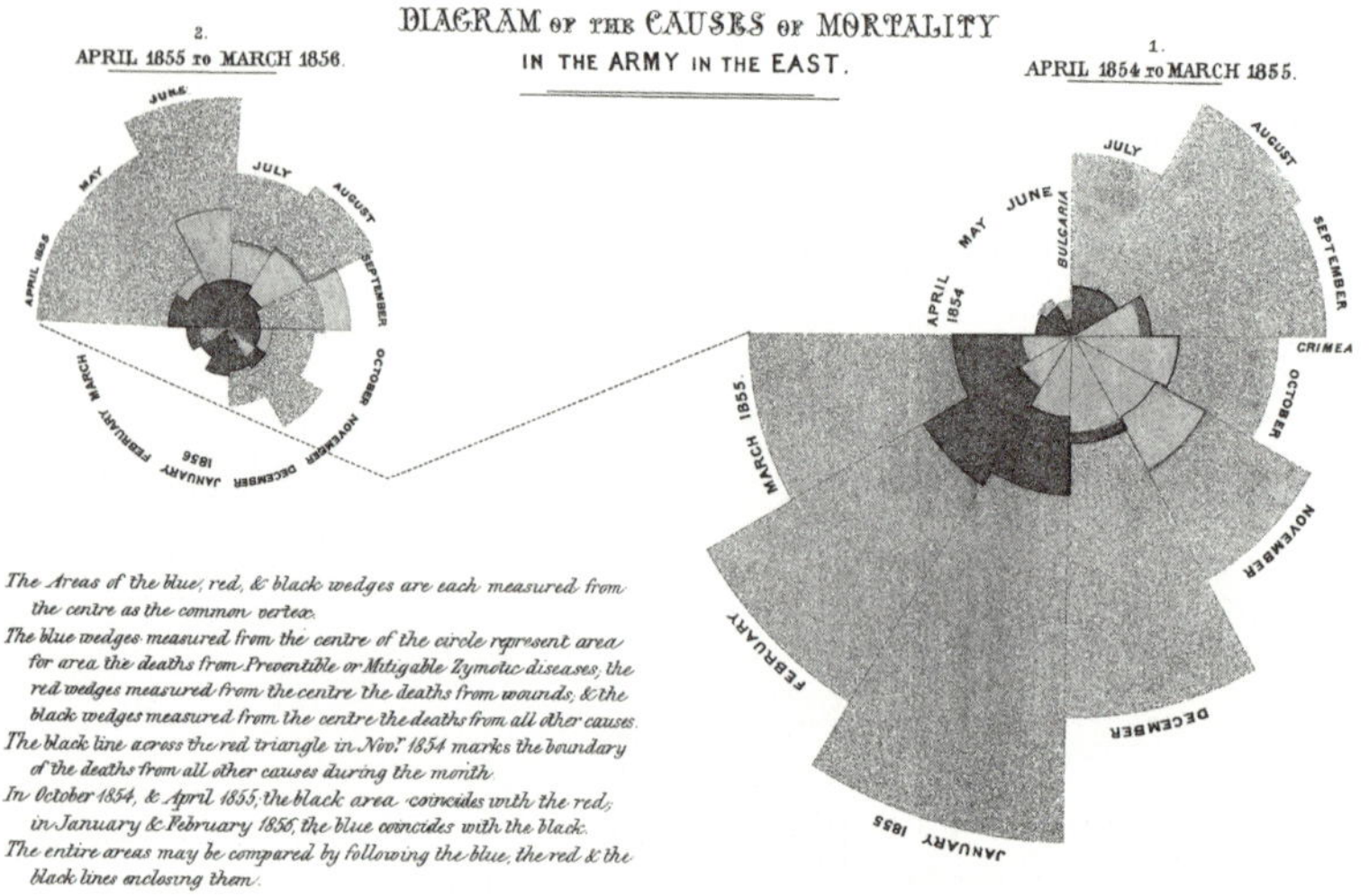

「統計学者」のナイチンゲールが考案した「コウモリの翼」と呼ばれる円グラフ

しかも彼女は、戦死者の数を集計しただけではありません。

きっといま、みなさんもずらずらと数字を読み上げられて「ちょっと面倒《めんどう》くさいな」とか「なんとなくイメージしづらいな」と思ったことでしょう。数学や計算が苦手な人は、たくさんの数字が並んでいるだけでうんざりしてしまうものです。

そこで彼女は、「コウモリの翼《つばさ》」と呼ばれる独自のグラフを考案し、死因別の死者数をひと目でわかるようにビジュアル化しました。当時はまだ、棒グラフも円グラフも普及していなかった時代。それでもたくさんの人にこの事実を知ってもらおう、理解してもらおうと、まったくオリジナルのグラフをつくったのです。

ほかにも、当時イギリスでもっとも不健康な街とされていたマンチェスター市と死亡率を比較したり、兵士たちの年齢《ねんれい》別死亡率をイギリスの平均値と比較したり、兵舎とロンドンの人口密度を比較したり、さまざまな統計データを揃《そろ》えました。

こうしてナイチンゲールは、ヴィクトリア女王が直轄《ちょっかつ》する委員会に1000ページ近くにもおよぶ報告書を提出します。**どんな権力者であろうと反論できない、客観的な「事実」を突《つ》きつけたわけです。**

その結果、戦場や市民生活における衛生管理の重要性が知れ渡り、看護師という仕事が再評価され、感染症の予防にも大きく貢献《こうけん》していくことになりました。

報告書の提出後も、彼女はベッド数から天井《てんじょう》の高さ、窓の数までを細かく指導して感染症が蔓延《まんえん》しにくい病院（ナイチンゲール病棟《びょうとう》）を建築設計したり、看護師学校を設立したりと、精力的に活動していきます。

もし、彼女が数学や統計学の素養をもたない、善良なだけの看護師だったなら、目の前の患者を助けることに精いっぱいで、医療態勢や衛生管理の構造的な欠陥《けっかん》に気づくこともなかったかもしれません。また、仮に気づいたとしても、それを裏づけるデータがなければ彼女の意見に耳を貸す人はいなかったはずです。

戦場の兵士たちを救い、不衛生な環境に暮らす人々を救い、イギリスはもとより世界の医療・福祉《ふくし》制度を大きく変えていったのは、看護師としてのナイチンゲールではなく、統計学者としてのナイチンゲールだったのです。

なお、これらの多大な功績が称《たた》えられたナイチンゲールは、イギリス王立統計学会で初の女性フェロー（特別会員）に推薦《すいせん》され、アメリカ統計学会の名誉《めいよ》会員にも選ばれています。

天才・森《もり》鷗《おう》外《がい》に挑《いど》んだ男

軍隊での疫病《えきびょう》対策が問題になったのは、クリミア戦争当時のイギリスだけではありません。ナイチンゲールが戦地で活躍してからおよそ40年後、わたしたちの住む日本でも、ある病気をめぐって大論争が巻き起こりました。

みなさんにはあまりなじみがない名前かもしれません。日清《にっしん》戦争と日露《にちろ》戦争で日本軍を徹底《てってい》的に苦しめた、「脚気《かっけ》」という病気です。

明治から昭和のはじめにかけて、**脚気と結核《けっかく》は日本人の2大国民病といわれていました。**なかでも脚気は、人口3000万人の時代に、毎年100万人もの人が発病し、数万人の死者を出していた病気です。

【人物5】

【人物6】

そしてこのころ、脚気の原因について、日本国内では大きくふたつの説が唱えられていました。

ひとつは海軍の軍医、**高木兼寛**《たかきかねひろ》（人物5）を中心とした「栄養不足説」。

そしてもうひとつが文豪《ぶんごう》としても知られる陸軍の軍医、**森鷗外**《もりおうがい》（人物6）に代表される「伝染病《でんせんびょう》説」です。

当時、日本の医学者はドイツに留学して最新医学を学ぶことが一般《いっぱん》的でしたが、海軍だけはイギリスに学ぶ伝統があり、海軍軍医の高木兼寛もイギリス留学の経験をもっていました。そこで高木はイギリス海軍には脚気が存在しないことを知り、その原因を栄養豊かな「洋食」にあると考えたのです。

一方、ドイツ医学を学んだ主流派の森鷗外たちは、脚気を伝染病だと判断していました。結核やコレラの原因が細菌《さいきん》であることから、同じように脚気も細菌によるものだと考えたのです。

それでは、海軍式の「栄養不足説」と、陸軍式の「伝染病説」は、どちらが正しかったのでしょうか？

海軍式の「栄養不足説」です。現在、脚気の原因はビタミンB_1の不足であることがわかっています。当時はまだビタミンそのものが発見されておらず、高木兼寛などは「タンパク質が足りないのではないか？」と考えていたほどでしたが、なんらかの栄養が足りていない、という意味では完全に「栄養不足説」に軍配が上がるでしょう。

実際、海軍で、白米中心の食事を洋食に切り換えたところ、脚気患者の数はみごとに減っていきました。高木兼寛としてはタンパク質をたくさん与えているつもりだったのが、結果としてビタミンB_1をとらせることにつながっていたわけです。ちなみに、いまや日本人の国民食ともいえる存在になったカレーライスも、このとき高木兼寛が「脚気予防の洋食」として海軍に取り入れたものです。脚気がなかったら、カレーライスは生まれなかった。海軍が「栄養不足説」をとらなかったら、カレーライスは生まれなかった。こうやって考えると、歴史っておもしろいものですね。現在でも海上自衛隊では毎週金曜日にはカレーを食べる習慣が残っていて、「海軍カレー」は、基地のある横須賀《よこすか》の名物グルメとなっています。

また、もうひとつ意外な話をすると、当時の海軍兵たちは食事の洋食化があまりうれしくなかったようです。とくにつらかったのが、白米がパンに替《か》わってしまうこと。せっかくパンを用意しても、食べ残す兵士が続出したといいます。

そこで高木兼寛たちは、パンでも白米でもなく、麦飯を食べさせることにしました。もともと麦飯は、漢方医のあいだで「脚気予防に効果がある」とされていましたし、高木が大切にしていたタンパク質の量も、お米より麦のほうが多かったからです。周囲には反対意見もありましたが、この麦飯化によって、脚気患者はますます減っていきます。これまた幸運なことに、麦はビタミンB_1も豊富だったのです。

こうして、海軍がパンや麦飯でめざましい効果を上げているにもかかわらず、森鷗外ら陸軍の軍医たちは「脚気は伝染病で、食事なんて関係ない」と言い張りました。相変わらず白米中心の食事を与え、世界的に有名なドイツの細菌学者コッホ（結核菌やコレラ菌の発見者）に、ありもしない「脚気菌」についてアドバイスを求めるなどしていました。

そして迎《むか》えた、日清戦争と日露戦争。日本軍は悲劇的な事態に見舞《みま》われます。

日清戦争では、戦闘による負傷が原因で亡くなった人が453人だったのに対し、脚気にかかった人が4万8000人。このうち2410人が脚気によって亡くなりました。つまり、戦傷による死者の5倍以上もの人が、脚気で亡くなったのです。

そして日露戦争では、戦傷死した人が4万7000人だったのに対し、脚気にかかった人は、なんと21万2000人。そして2万8000人もの兵士が脚気で命を落とします。

もしも日本軍全体で、パンや麦飯を中心とした食事に切り換えていれば、彼ら何万何十万という兵士たちは脚気にかかることもなかったはずです。失われずにすんだはずの命が、軍医たちの誤りによってあまりにも多く失われてしまいました。

それではなぜ、森鷗外ら陸軍の軍医たちは、自説にこだわり、このような悲劇を招いてしまったのでしょうか？

未知の課題には「論より証拠《しょうこ》」で取り組む

みなさんは「カルテ」という言葉を知っていますか？

そう、病院にかかったとき、お医者さんが診察《しんさつ》の記録を書き込んでいく書類ですね。もしかすると英語だと思っているかもしれませんが、これはドイツ語です。ほかにも「アレルギー」

「ウィルス」「ガーゼ」「ギプス」「ワクチン」など、日本の医学界にはたくさんのドイツ語があふれています。

なぜこんなにドイツ語ばかりなのかというと、日本の西洋医学はドイツから輸入されたものだったから。ほんの数十年前まで、お医者さんたちはカルテそのものをドイツ語で書いていたほどです。

とくに明治の時代、ドイツ医学は日本の超エリートだけが独占《どくせん》する「知」の最高峰《さいこうほう》と見なされていました。しかも日清・日露戦争当時の森鷗外は、陸軍の軍医部長などを歴任した事実上の陸軍軍医トップの人物です。

「海軍のやつらはイギリス医学を学んでいるようだが、おれたちは正統派のドイツ医学を学んでいるんだ」

「おれはドイツ留学もしたし、あのコッホ先生に学んだこともある」

「ドイツ医学、コッホ先生の細菌学、そしておれの考えが間違っているはずがない」

おそらく、森鷗外を支配していたのはこんな「思い込み」でしょう。ベーコンが指摘した「権威の思い込み（劇場のイドラ）」です。

そしてここには、ドイツ医学の思想そのものも密接に絡《から》んでいます。

ドイツ医学を学んだ鷗外らにとって、麦飯で脚気が予防できるという話は、「古くさい漢方医の考え」でしかありませんでした。自分たちは最先端《さいせんたん》の西洋医学を学んできたのだ、非科学的な漢方なんて引っ込んでろ、というプライドがあったのです。

しかも、当時のドイツ医学は、コッホによって結核菌やコレラ菌が発見されるなど、細菌学の最盛期《さいせいき》。「原因のわからない病気は、なんらかの細菌によるものだ」という考え方が支配的でした。

脚気だって、細菌のしわざに違いない。まずは顕微鏡《けんびきょう》を覗《のぞ》き込《こ》み、「脚気菌」を発見する。その後、菌の感染拡大を防止するとともにワクチンをつくって治療《ちりょう》をめざす。それが鷗外らドイツ医学派の考え方です。

彼らにしてみれば、「脚気予防には麦飯がいい」という話は、なんら科学的裏づけをもたない俗説《ぞくせつ》に過ぎません。そもそも脚気の原因もわかっていないし、なぜ麦飯が脚気を予防するのか、理屈《りくつ》がまったくわからないのです。

一方、海軍の高木兼寛らが学んだイギリス医学は、考え方が根本的に異なります。

イギリス医学は、理論よりも統計学的な証拠を重視する、いわば**「論より証拠」の医学**だったのです。

兵士たちに麦飯を与えたところ、脚気がみるみる減っていった。なぜそうなったのか、麦飯

のなにが効いたのかは、よくわからない。でも「麦飯を食べると脚気が減った」という事実は、認めよう。理屈はともかく、これだけ「証拠」が揃っているのだから、みんなに麦飯を食べさせよう。……これがイギリス医学の考え方なんですね。まさに論より証拠、専門的にはこれを「エビデンス・ベースト」の医療といいます。「根拠《こんきょ》に基《もと》づく医療」という意味です。

ここは非常に大きな分かれ道です。

答えがわからない、未知の課題に取り組むときに、どこから手をつければいいのか。

麦飯派の海軍のように**「論より証拠」**を大切にするのか。

それとも鷗外たちのように**「証拠より論」**

を優先するのか。
あのニュートンが、古代ギリシャの哲学者《てつがくしゃ》たちに別れを告げて、あたらしい真理に踏《ふ》み出《だ》したときのことを思い出してください。ニュートンは、理屈をこねくり回す「証拠より論」ではなく、事実を直視する科学や数学を選びました。

まったくあたらしい課題に取り組むとき、考えても考えても答えが見つからないとき、そんなときには、目の前にある「事実」を拾っていきましょう。たくさんの事実を積み重ねていった先に、答えは見えてくるはずです。

海軍の高木兼寛がやったこと、そしてナイチンゲールがやったことは、まさに「事実」を拾い集めることでした。もしも鷗外をはじめとするドイツ派の軍医が、「論より証拠」で麦飯を食べさせるようになっていたら、日清・日露戦争ではもっと多くの命が救われていたことでしょう。

森鷗外は、「権威の思い込み」にとらわれた典型的な人でした。

もともと彼は、年齢を偽《いつわ》って東京大学医学部の前身である第一大学区医学校に入学し、わずか19歳で卒業したほどのスーパーエリートです。文学の世界でも大きな才能を発揮した人物ですから、ナイチンゲールや高木兼寛に負けない知性はもっていたでしょう。

それでも、医学者としての鷗外は、ほとんど使いものにならない人物でした。エリート意識から「権威の思い込み」にとらわれ、自説を曲げることができず、たくさんの人々を無駄な死に追いやりました。

彼は、あまりにも優秀《ゆうしゅう》だったせいで、ドイツ医学という権威や常識の枠内《わくない》でしかものごとを判断できなかったのです。医学の常識を「疑う」ことができなかったのです。

看護の道を生きた統計学者・ナイチンゲールは、確実に世界を変え、世界を一歩前に進めました。海軍の高木兼寛は、のちに「日本の疫学《えきがく》の父」として称えられ、海外でもその功績が高く評価され、コロンビア大学やフィラデルフィア医科大学などから名誉学位を授与《じゅよ》されています。

そして頑固な医学者・森鷗外は、医学の道ではほとんど功績を残せないまま、文学者として記憶される人物になりました。

両者の分かれ道は、**「権威や常識を疑うことができるかどうか」**、そして**「事実をベースにしてものごとを考えられるか」**にあります。

世紀の大発見は「辺境《へんきょう》」から生まれた

それではこの時間の最後に、世のなかの常識に対して、人類史上最大といってもいいほどのクエスチョンマークを投げつけた人物を紹介して、終わりにしましょう。

彼の名は、**コペルニクス**（人物7）。

1000年以上にわたって信じられてきた「天動説（地球を宇宙の中心だとする説）」に対して、**地球は宇宙の中心ではなく、太陽のまわりを回っているのだとする「地動説」を唱えた天文学者**です。

もしもみなさんが、これだけ大きな、世界の常識をひっくり返すような大発見をしたなら、どうすると思いますか？

世界じゅうから記者を集めて、堂々と記者会見をする？

研究論文を本にまとめて、世界的なベストセラーをめざす？

……コペルニクスが選んだ道は、まったく違ったものでした。そもそも彼は、自分の考えを本にして出版するつもりさえなかったのです。

コペルニクスが生きた15世紀後半から16世紀にかけてのヨーロッパは、刺激《しげき》に満ちた時代でした。コロンブスによる新大陸発見、マゼランの世界一周旅行、レオナルド・ダ・ヴィンチやミケランジェロ、ボッティチェッリなどによるルネサンス美術、さらにはマルティン・ルターによる宗教改革。人々の世界観が大きく変わる、激動の時代でした。

一方、コペルニクスの生涯《しょうがい》は、意外にも地味なものだったことが知られています。

1473年にポーランド北部の地方都市・トルンに生まれたコペルニクスは、10歳のときに父親を亡くし、叔父《おじ》の援助《えんじょ》を受けながら育ちました。そして地元の大学を卒業後、2度にわたるイタリア留学を経験します。当時のイタリアはカトリック教会の中心地であり、コペルニクスは将来教会の司祭になることが決められていたからです。イタリアで教会法(カトリック教会が定めた法律)を学んでこい、と叔父から送り出されたコペルニクスでしたが、彼が夢中になったのは天文学でした。

【人物7】

しかしコペルニクスは、父親代わりでもあった叔父に逆らうことができません。卒業後、他の天文学者のように大学で教職に就くことはせず、ポーランドに戻《もど》って教会の司祭になりました。以来、コペルニクスは、パリやローマといったヨーロッパの中心地からはかなり離れた、ポーランド北部の生まれ故郷でその生涯を過ごすことになります。

コペルニクスの時代、天文学の世界には絶対的な教科書ともいえる本がありました。紀元2世紀に古代ローマの天文学者・プトレマイオスが著《あらわ》した『アルマゲスト』という専門書です。全13巻からなるこの大著のなかでプトレマイオスは、天動説を数学的に説明し、その考えは1000年以上にわたって支持されてきました。

しかし、そもそも天動説は間違った考えです。現在の科学の目で見れば、デタラメです。その天動説をむりやり数学的に説明していたのですから、そこにはどうしても無理があります。強引《ごういん》なところ、矛盾《むじゅん》したところ、うまく説明できないところがあります。

ポーランドに戻り、時間を見つけては天体観測をおこなっていたコペルニクスは、その矛盾を見逃《みのが》しませんでした。

天動説を数学的に証明しようとすると、どうしても無理が出る。太陽も金星もその他の惑星《わくせい》も、ありえないほど複雑な動きをしてようやく、天動説の理論は成り立つ。みんなはそれで納得しているけれど、どこかおかしいんじゃないか?

本来宇宙とは、もっとシンプルな法則に従って動いているはずだ。もし、全知全能の神がこの宇宙をつくったというのなら、こんな不格好な動きにするはずがない。もっと美しく、もっと自然な動きをしているはずだ。

そうやって地道な天体観測を続け、さまざまな検討を重ねた結果、コペルニクスはある結論にたどり着きます。

暗くて広い部屋があったとき、人々は部屋の中央にランプを置くだろう。そうすれば、部屋の隅々《すみずみ》までをいちばん効率よく照らすことができるからだ。部屋の隅にランプを置いたり、あちこちに移動させることはしない。

これは宇宙だって同じである。

宇宙の中心にあるのは、地球ではない。光《ひか》り輝《かがや》く太陽こそが、中心なのだ。地球は、太陽のまわりを1年かけて回っている。水星は3ヵ月、金星は225日、火星は687日かけて、それぞれ太陽のまわりを回っている。

太陽を中心に考えた瞬間《しゅんかん》、星々の動きは驚《おどろ》くほどシンプルで、美しいものになる。天動説にあったような、不自然な動きをさせなくてすむ。

地動説の完成であり、「太陽系」が誕生した瞬間です。

これはみなさんも同じでしょうが、「地球はものすごいスピードで太陽のまわりを回っている」という話は、感覚としてうまく理解できないところがあります。動いている実感なんてないし、もしもそんなに速く動いているのなら、鳥は空を飛ぶこともできない。当時の人も、そう思っていました。

しかしコペルニクスは、そういう「自分の感覚」さえも疑い、天体観測のデータと、計算式を信じたのです。それも学問の都から遠く離れた、ポーランドの地方都市で。むしろ、周囲の雑音が聞こえない「辺境」の地にいたからこそ、定説を疑うことができたのかもしれません。

こうして、世界の常識をひっくり返すほど

の大発見をしながら、コペルニクスは自分の「地動説（太陽中心説）」を大々的に発表することはありませんでした。理論の概要《がいよう》をまとめた小冊子を、数人の仲間たちに配っただけで、30年以上も沈黙《ちんもく》を守ったのです。

コペルニクスはなぜ30年も沈黙したのか？

いったいなぜ、コペルニクスは「地動説」を発表しなかったのでしょうか？

彼が沈黙を守った理由は、いくつか挙げられます。

これだけ過激な説を唱えるからには、数学的な理論だけでは意味がない、というのがコペルニクスの考えでした。

天動説を唱えるプトレマイオスの『アルマゲスト』には、具体的な観測データがあまり載《の》っていません。**自分の理論を証明するには、詳細《しょうさい》な観測データもセットにしなければならない。決定的な「事実」を突きつけないと、誰も賛同してくれない。**いや、それ以前に価値ある書物にならない。……ナイチンゲールが地道に統計データを集めていったのと、まったく同じ理屈です。

しかしこれは、気が遠くなるような話でもあります。土星が太陽のまわりを1周するには、

コペルニクスが描いた太陽系
（『天体の回転について』より）

およそ30年もの年月がかかります。太陽系のすべて（当時はまだ天王星と海王星が発見されていませんでした）を観測し、「事実」をベースに説明しようとすれば、30年分の観測データが必要なのです。ポーランド北部で司祭としての仕事をこなしながら、コペルニクスは黙々《もくもく》と観測を続けていきました。

じゃあ、30年分の観測データさえ揃えてしまえば、堂々と発表できるのでしょうか？

……そんなことはありません。聖書のなかには、神が大地の土台をいつまでも動かないように置いた、という話が出てきます。要するに地動説は、世間の常識に逆らうだけでなく、神にも逆らうような暴論だったのです。

仲間たちや弟子《でし》からは、「ぜひ本を出版して、地動説を発表するべきだ」と勧《すす》められていましたが、コペルニクスはなかなか同意しません。そして周囲の説得を受け入れ、ようやく出版を決意したのは、最初に小冊子をつくってから30年が過ぎたときのことでした。このときコペルニクスは、ローマ教皇のパウロ3世に手紙を送りました。その手紙のなかで彼は、およそこんな内容の告白をしています。

「わたしの考えを世に出すべきかどうか、長らく迷っておりました。なぜなら、地球が動くという大胆《だいたん》な考えが、人々にどう受け止められるか、予想がつかなかったからです。でも、わたしの考えは教会に反対するようなものではなく、教皇聖下の統治する教会全体の利益にかなうことだと信じています」

コペルニクスの時代、地動説を唱えることがどれだけ勇気のいる行為《こうい》だったか、なんとなく伝わってくるのではないでしょうか。

しかし、幸か不幸かコペルニクスは、地動説をまとめた著書『天体の回転について』の出版直前に、70歳の生涯を閉じることになります。原稿《げんこう》の内容を最終確認《かくにん》するための、本の試《ため》し刷《ず》りが上がってきた当日のことでした。

30年以上もの時間をかけて築き上げたみずからの地動説が、社会にどのような影響を与え、どのように受け入れられていったのか。彼はなにも知らないまま、亡くなってしまったのです。

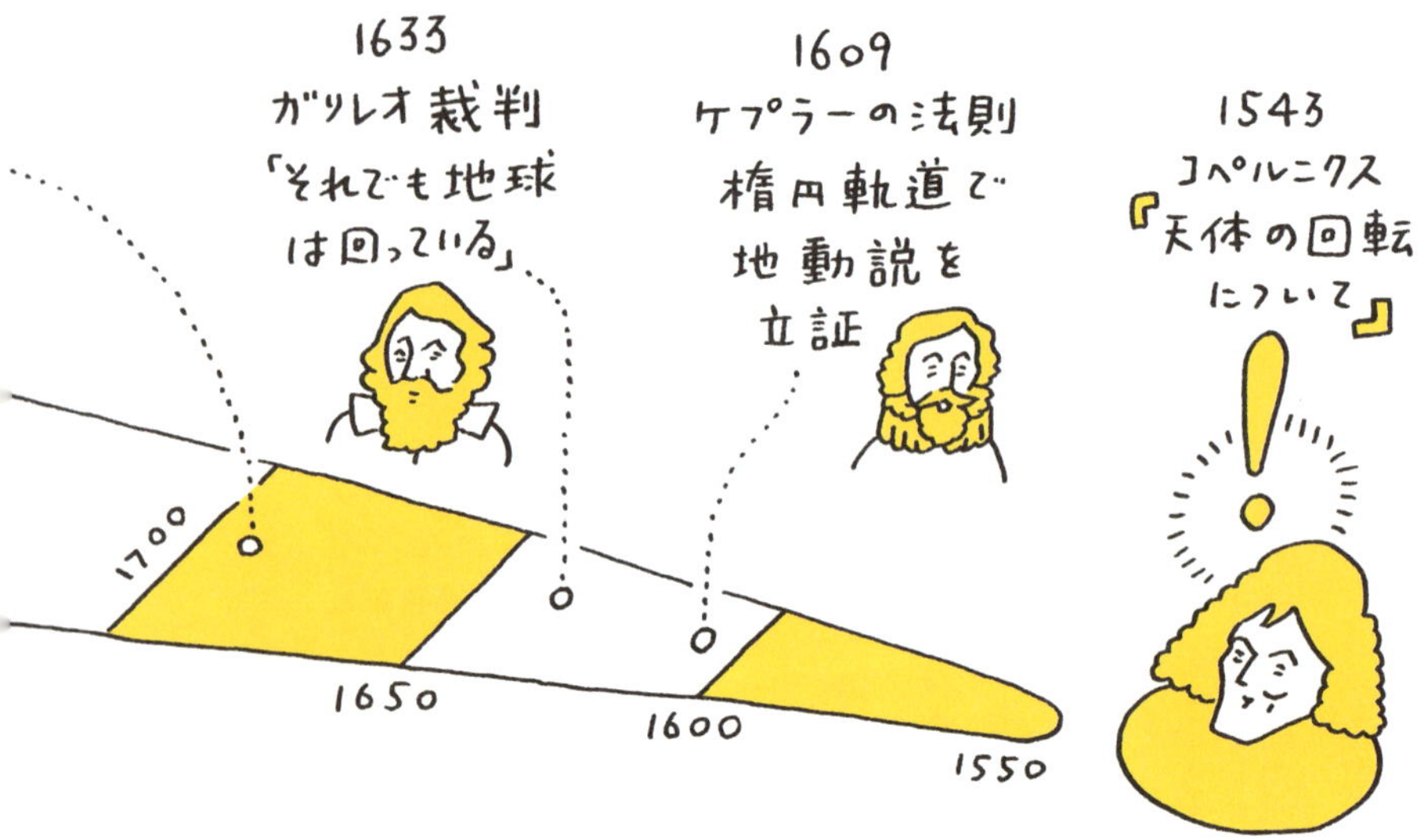

なにを信じ、なにを疑うか

それでは実際、コペルニクスの『天体の回転について』が出版されたとき、世間の人々はどのような反応を示したのでしょうか？

神を冒瀆《ぼうとく》していると、猛反対の嵐《あらし》が吹《ふ》き荒《あ》れたのでしょうか？

世紀の大発見だと、もてはやされたのでしょうか？

……正解はどちらでもありません。**少なくとも数十年のあいだ、彼の著書は世間から完全に無視されました。**

これは、コペルニクスの地動説がまだまだ

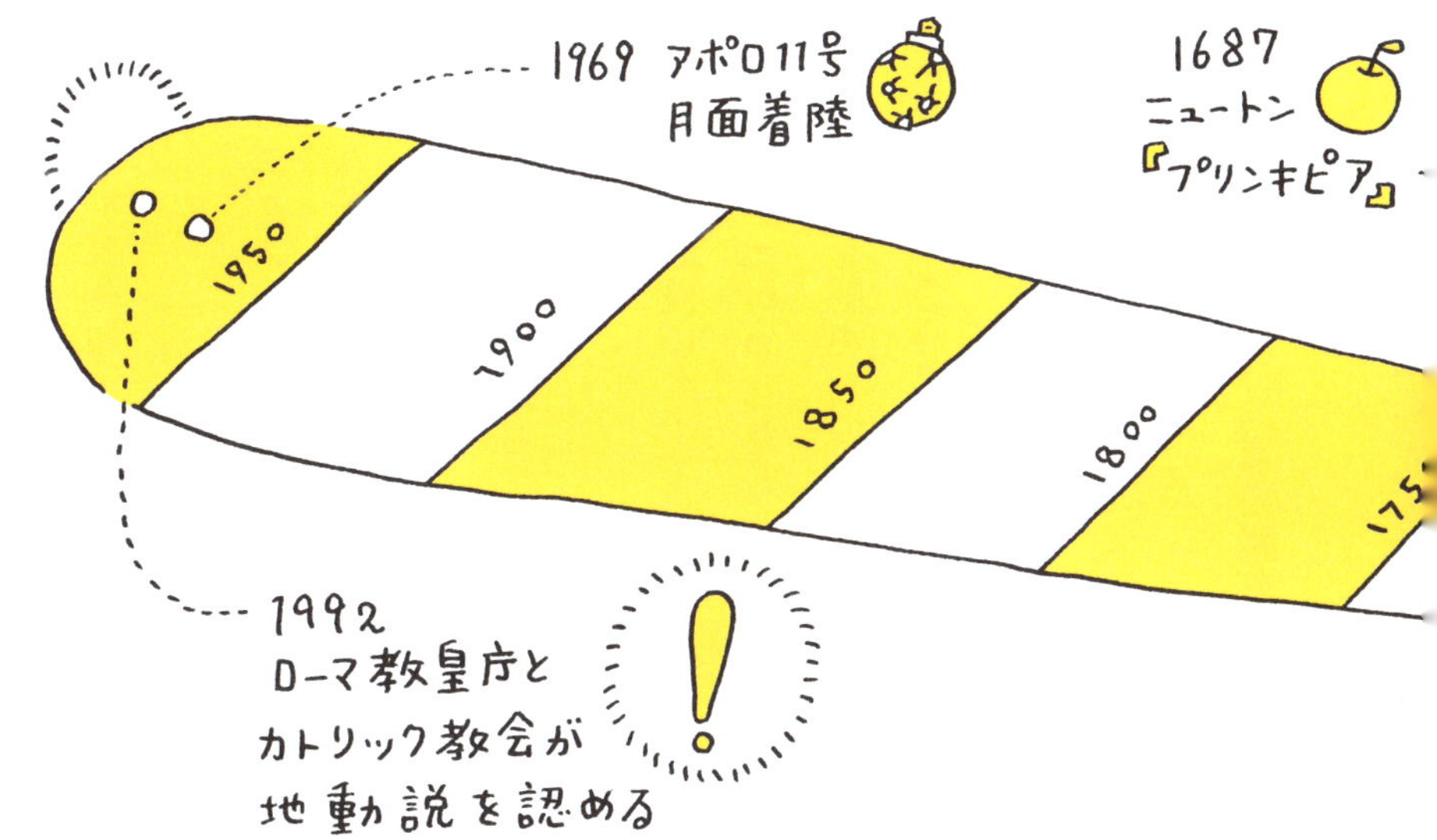

欠点の多いものだったこともあるのですが、最大の理由は別のところにあるともいわれています。じつは『天体の回転について』が刷り上がる直前に、校正者（原稿をチェックする人）が、勝手にこんな内容の序文を加えていたのです。

「地球が動くという考えに、読者はびっくりするべきではない。また、こんなとんでもない考えを述べているからといって、著者を責めるべきではない。著者は、この考えが必然的に正しいと主張しているわけではない。神の啓示《けいじ》を受けたのでない限り、天文学者も哲学者もたしかな結論に至ることはできない。だから読者は、これをたんなる仮説と受けとってもらっていい。仮説は真理であるとは限らない。観測結果と一致《いっち》する計算結果を出すだけで十分なのだ」

この序文を書き加えたオジアンダーという人物は、熱心なキリスト教徒で、神学者でもありました。

コペルニクスの弟子はオジアンダーの序文に激怒《げきど》しましたが、何十年ものあいだキリスト教関係者から批判の声が上がらなかったのは、彼が書き加えたこの序文のおかげだともいわれています。そしてコペルニクスの地動説は、17世紀の天文学者ヨハネス・ケプラー、そして「それでも地球は回っている」の言葉で有名なガリレオ・ガリレイらに受け継がれ、完成しました。

それでは、最後にクイズです。

コペルニクスや仲間たちが恐《おそ》れた、ローマ教皇庁とカトリック教会。彼らが正式に「地動説」の正しさを認めたのは、いつのことだと思いますか？

……なんと1992年。日本でいえば、平成に入ってからのことです。

アポロ11号が月面着陸し、スペースシャトルが打ち上げられ、宇宙ステーションが運用されてもなお、地動説は認められていなかったのです。

この時間の最初に、**「違和感を大事にしてください」**という話をしました。そして「疑う力をもってください」という話をしました。

ナイチンゲール、森鷗外、高木兼寛、そしてコペルニクス。

4人の話を聞いて、「常識を疑った変革者」とはどんな人なのか、そして「常識を信じてしまった旧世代の人」はどんな罠《わな》にはまったのか、十分理解できたのではないかと思います。

すべてを信じるな、すべてを疑え、とは言いません。いま、みなさんに求められているのは**「人を疑うのではなく、コトを疑う力」**なのです。

1時限目まとめ

1 日常にある「小さな違和感」を掘り下げ、冒険の扉を開けよう

2 課題をこなす人より、課題を見つける人になる

3 ナイチンゲールは旧世代の男たちを「データ」で動かした

4 エリートほど「思い込み」の罠にはまりやすい

5 未知の課題には「論より証拠」で取り組もう

6 人を疑うのではなく「コト」を疑う

2時限目

冒《ぼう》険《けん》には「地図」が必要だ

自分だけの「仮説」を証明しよう

みなさんはこれから、大きな旅に出ます。

誰《だれ》かが敷《し》いてくれたレールの上を進むのではなく、自分で道を見つけ、自分で道をつくる、そんな旅が待っています。冒険といってもいいでしょう。

そして**冒険に出るとき、絶対に欠かせないのが「地図」の存在です。**

ロールプレイングゲームでも、はじめてディズニーランドに出かけるときでも、あるいは修学旅行の自由時間でも、地図がなければ話ははじまりません。

でも、歴史の教科書に載《の》っている大昔の地図を見たとき、不思議に思ったことはありませんか?

たとえば「新大陸」を発見した**クリストファー・コロンブス**（人物8）。

彼《かれ》の時代に使われていた世界地図は、いま

【人物８】

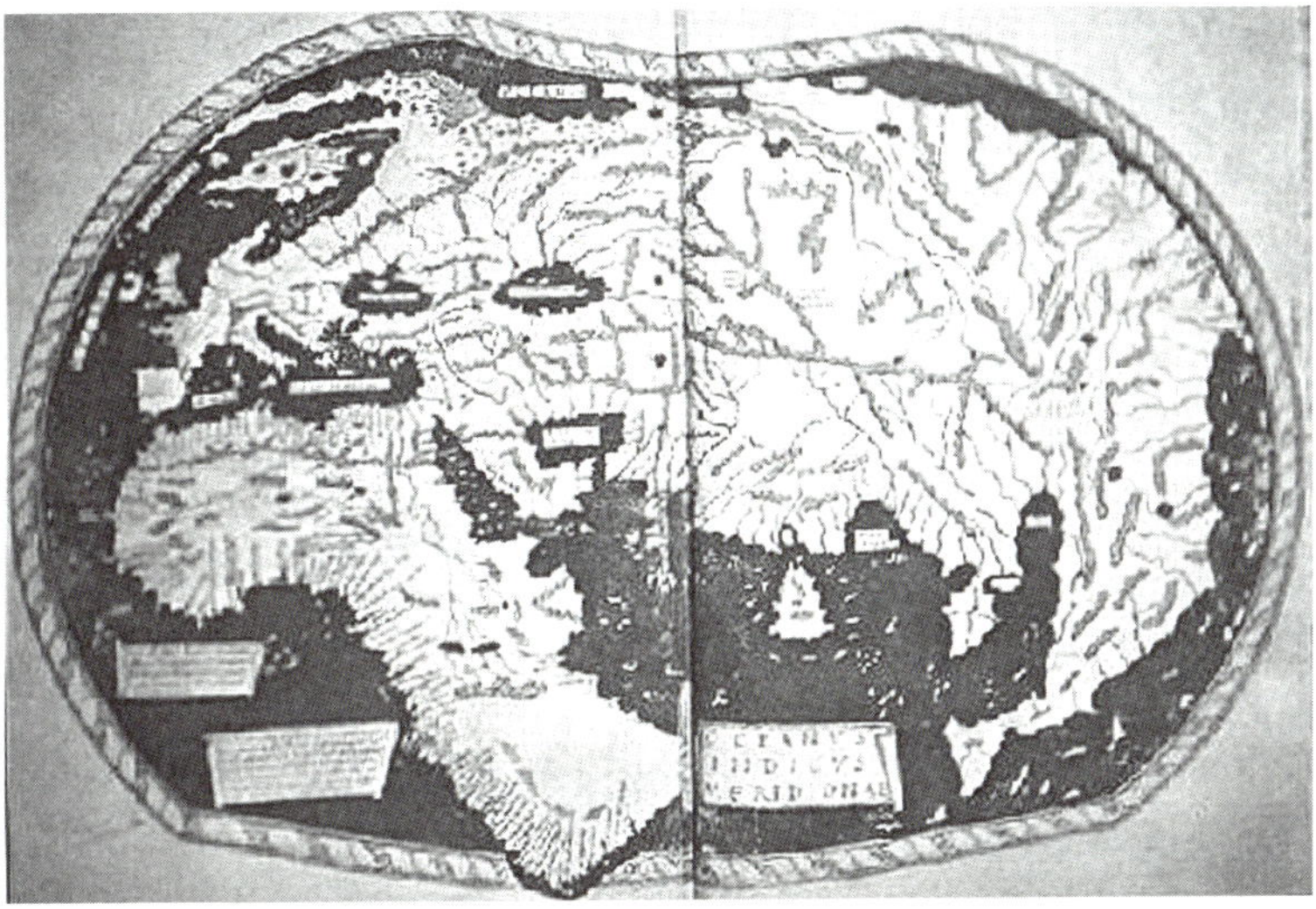

コロンブスが航海に出たころの世界地図
（ドイツの地理学者マルテルスによって描かれたとされるもの）

の基準から見れば不正確にもほどがある、ほとんどお絵《え》描《か》きのような代物《しろもの》です。ユーラシア大陸のかたちもデタラメですし、そもそも南北アメリカ大陸さえ描《えが》かれていないわけです。世界地図と呼ぶには、あまりにお粗《そ》末《まつ》なものでしょう。

それでも、大航海時代の冒険家たちは、あのいい加減な地図を頼《たよ》りに、大海《おおうな》原《ばら》へと出航していったわけです。もちろん航海は命がけ。……冷静に考えると、ちょっと恐《おそ》ろしい話ですよね？

じつは、**冒険家にとって「地図の正確さ」は、それほど大切な要素ではありません。**

西
東
“球体なら、
西に進めば、
東につくはずだ。”＝仮説

仮説（大まかな地図）があれば大海原へと出航できる！

細かいところは間違《まちが》っていても、おおよその全体像がつかめること。そして「こっちに進めば、目的地にたどり着くんだ！」という大まかな行き先がわかること。

このふたつが揃《そろ》っていれば、地図としての役割は十分果たしたことになります。

あの山の向こうはこうなっているはずだ、あの海の向こうにはこんな大地が広がっているはずだ、世界の果てはこうなっているはずだ、という仮説を図面にしたものが地図なのです。

つまり、**地図とは「仮説」**なのです。

コロンブスの時代には、彼らなりの仮説があり、地図がありました。いまの基準で考えるとかなり不正確な地図ですが、大まかな方向性は間違っていません。コロンブスの立てた仮説は、非常に大胆《だいたん》で、シンプルなものでした。

「地球は丸いのだから、大西洋を西に進めば、やがて東の端《はし》（インド）に到着《とうちゃく》するはずだ」

この仮説を証明するために、彼は歴史的な航海に出たのです。

けっきょくコロンブスは、インドに到着する前に、これまでヨーロッパでは知られていなかったアメリカ大陸に到着しました。彼は最後の最後までそこをインドだと思っていましたが、それはたいした問題ではありません。コロンブスは「大西洋をまっすぐ西に進めば、やがて東の端に到着する」という仮説に挑《いど》み、人類史に残る大発見を成《な》し遂《と》げたのです。

ここで最初の話に戻《もど》りましょう。

みなさんはこれから、大きな冒険の旅に出ます。

そして冒険を企《くわだ》てるには、地図が必要です。仮説が必要です。

コロンブスがそうだったように、多少デタラメなところのある地図でもかまいません。とりあえずは大ざっぱな地図と大胆な仮説を胸に、漕《こ》ぎだしてみる。

冒険とは、「自分だけの仮説を証明する旅」なのです。

この2時限目では、冒険に旅立つ前のみなさんが、自分だけの仮説をつくる方法についてお話ししていきたいと思います。

仮説の旗は「空白地帯」に立てる

それでは、どんな仮説を、どうやって立てていけばいいのでしょうか？

まず頭に入れておいてほしいのが「仮説を立てようとしているのは、自分だけじゃない」という事実です。

たとえば、みなさんが「まったくあたらしいダイエット法」について、仮説を立てたとしましょう。

しかし、ダイエットといえば、現代人共通の悩《なや》み。医療《いりょう》関係の人、スポーツ関係の人、料理関係の人、あるいはモデルさんなど、さまざまな分野のスペシャリストたちがあたらしいダイエット法を考え、研究していることでしょう。

そんな競争の激しい世界に飛《と》び込《こ》んでいくのは、あまり得策とはいえません。たくさんのライバルがひしめくなかで手を挙げても、「その他大勢」になってしまうだけ。自分よりも優秀《ゆうしゅう》な人たちがいる可能性も高いでしょう。

つまり仮説とは、「空白地帯」に立てることが大切なのです。

みんなが海を眺《なが》めているとき、砂浜《すなはま》の貝殻《かいがら》を眺める。ラーメンの麺《めん》やスープではなく、器《うつわ》に注目してみる。英語でも中国語でもなく、まったく知らない国の言葉を勉強してみる。オリンピックの正式種目ではない、名前さえ聞いたことのないようなスポーツに取り組んでみる。そうやって、みんなが素通《すどお》りしている「空白地帯」に目を向けていれば、いつしか自分だけの花を咲かせることができます。

どんな仮説を立てるのかは、みなさん自身が考えるしかありません。

しかし、仮説を「どこに」立てるべきなのかは、はっきりしています。仮説の旗は、誰も手をつけていない空白地帯に立てること。それが世のなかを変える人の鉄則です。

それでは、誰もが素通りしていた空白地帯に仮説を立て、ノーベル生理学・医学賞を受賞した、ある日本人を紹介《しょうかい》しましょう。

ごくふつうの高校教師だった世界的化学者

2015年10月、ひとりの化学者に世界じゅうの注目が集まりました。

その人の名は**大村智**《おおむらさとし》（人物9）。「イベルメクチン」という画期的な薬を開発した、日本人化学者です。大村さんは、この薬によって2億人もの人々を病魔《びょうま》から救い、2015年のノーベ

【人物9】

ル生理学・医学賞を受賞しました。

ノーベル賞を受賞するような化学者なんて、エリート街道《かいどう》のど真ん中を歩いてきたスーパーマンに思えますよね？

でも、大村さんはいわゆるエリートではありません。そしてエリートじゃないからこそ、空白地帯に仮説の旗を立て、自分だけの花を開かせた研究者だったのです。

1935年、大村智さんは山梨県韮崎市《やまなしけんにらさきし》の農家に生まれました。

お父さんは農業を営み、お母さんは小学校の先生。大村さんも、小学生のころからお父さんの農作業を手伝い、中学生のころには村の大人たちに負けないくらい、農業やその他の仕事ができるようになっていたそうです。

そして高校ではスポーツに没頭《ぼっとう》します。とくにスキーの腕前《うでまえ》は相当なもので、高校3年生のときにはクロスカントリースキーで県大会優勝。高校を卒業したら父親の跡《あと》を継《つ》いで、農家になるものだと思っていたので、ほとんど勉強もしなかったといいます。

ところが高校3年生になったある日、大村さんは虫垂炎《ちゅうすいえん》にかかり、入院して手術を受けることになりました。退院後も自宅での静養が続き、やることもないのでたくさんの本を読んで過ごしていたところ、お父さんからこんなことを言われます。

「どうせやることがないなら、勉強でもしたらどうだ。やる気があるなら、大学に行ってもいいんだぞ」

それまで「自分は農家を継ぐものだ」と決めつけ、大学進学のことなんて考えたこともなかった大村さんでしたが、ここではじめて真剣《しんけん》に自分の進路を考えます。たしかに自分は家の仕事を継いだほうがいいのだろう。でも、これからの時代は農業をやるにしても大学くらいは出ておくべきじゃないのか。幸い、父親もあんなふうに言ってくれているのだから、勉強して大学に行ってみよう。

この日を境に大村さんは、東京教育大学(現・筑波《つくば》大学)理学部と山梨大学学芸学部に目標を定め、受験勉強をはじめます。

志望校として東京教育大学の名前を挙げる大村さんに対して、担任の先生は「おまえの取《と》り柄《え》は勉強よりも運動だ。スキーの実績もあるのだから、体育学部を受験しろ」と勧《すす》めました。それくらい、勉強は苦手だったのです。けっきょく、東京教育大学の理学部には不合格で、かろうじて受かった山梨大学に通うことになります。

こうして山梨大学の学芸学部に入学した大村さんですが、ここから研究一筋の道に進んだかといえば、そうではありません。大学でもスキーに明け暮れる日々を過ごしました。

スキーシーズンが近づくと、自宅から15キロメートル離《はな》れた大学まで走って通学し、体を鍛《きた》える。家庭教師のアルバイトで稼《かせ》いだお金は、すべてスキー用品に注《つ》ぎ込《こ》む。完全にスキー中心の生活です。

けっきょく、研究者になることなど考えないまま大学を卒業した大村さんは、東京都立墨田《すみだ》工業高校で夜間部の理科教師として働くことになりました。……勉強が苦手《にがて》で、学生時代にはスポーツに明け暮れた、どこにでもいる高校教師。そんな人が、のちにノーベル賞を受賞する化学者になるのです。

あえて選んだイバラの道

山梨から上京し、ごく普通の高校教師になった大村さん。

しかし彼は、その年のうちに「このままではダメだ！」と立ち上がりました。

学期末の試験中、教室を巡回《じゅんかい》しているうちに大村さんは、あることに気がつきます。鉛筆《えんぴつ》を握《にぎ》りしめ、黙々《もくもく》と問題に取り組む生徒たちの指が、機械油でまっ黒に汚《よご》れていたのです。大村さんが教えていたのは、夜間部の生徒たち。そのほとんどが、昼間は工場や工事現場で働いて、仕事を終えてから学校に通っています。働かざるをえない境遇《きょうぐう》ながら「学びたい！」「勉強したい！」という情熱にあふれているのです。

彼らの情熱に比べて、自分はどうなんだ。大村さんは自分が恥《は》ずかしくなりました。

山梨の裕福《ゆうふく》な農家に育ち、高校時代もスキーに明け暮れ、せっかく入学させてもらった大学でもほとんど勉強しないまま、スキーばかりをやっていた。そしていま、生徒たちに勉強を教えるどころか、こうして学ぶ喜びを教えてもらっている。**自分ももう一度学ぼう。大学院に行って、学びなおそう。**思えば大学時代、手先が器用で化学の実験は好きだった。化学を学びなおそう。

そう決意した大村さんは、東京教育大学の研修生となり、翌年には東京理科大学大学院理学研究科に入学します。昼間は大学院生として学びながら、夜に夜間部の高校教師として教壇《きょうだん》に立つ、二足のわらじ生活に入ったのです。けっきょく彼は修士論文を書き上げ、大学院を卒業するまで高校教師を続けました。

1963年の大学院修了後、山梨大学工学部発酵《はっこう》生産学科の助手を経て、北里《きたさと》研究所の研究員となった大村さんに次なる転機がやってきたのは、１９７１年のことでした。

これから自分は、どんな分野に進むべきなのか。自分にしかできない研究とはなにか。研究者としての進路に思い悩んでいたところに、「だったらアメリカに行ってみないか」と研究留学の話が舞《ま》い込《こ》んできたのです。

いよいよここから、彼の「空白地帯」に旗を立てる力が発揮されていきます。

まず、大村さんはアメリカで自分が研究したいと思える大学を５つ選び、自分の研究実績などを書いた書類を送ります。すると、それまで彼が英語の論文をたくさん書いていたからでしょう、驚《おどろ》いたことにすべての大学からぜひうちに来てほしい、との返事が届きました。しかも、週７０００～１万５０００ドルと、日本よりもはるかに高い待遇《たいぐう》を用意するといいます。

いったい、どの大学に行くべきか。

ハーバード大学、マサチューセッツ工科大学、モントリオール大学など、世界の名だたる名門大学から「ＯＫ」の返事が届いています。

周囲には、いちばん高額（１万５０００ドル）な大学に行けばいい、という意見もありました。**しかし、大村さんが選んだのはもっとも待遇が悪く（７０００ドル）、日本では知名度も低いウェズリアン大学でした。**

なぜなら、この大学だけ「客員教授」として招待する、と提示してきたからです。

「いちばん安いのだから、なにかほかの部分でいいことがあるはずだ」

「客員教授というからには、充実《じゅうじつ》した研究設備が与《あた》えられるのかもしれない」

このとき、すでに36歳《さい》。大村さんは、わずかな可能性に賭《か》けて、ある意味「空白地帯」ともいえるウェズリアン大学へと旅立ちました。

それでウェズリアン大学への留学は正解だったのか？

結論から先に言ってしまうと、大正解でした。客員教授としての待遇や、日本とは比較《ひかく》にならないほど充実した研究設備もすばらしかったのですが、なによりも大きかったのは、大村さんを受け入れてくれたマックス・ティシュラー教授の存在でした。

化学界の大物だったティシュラー教授は、大村さんの渡米《とべい》からほどなくして世界最大の学会である全米化学会の会長に選出されます。当然、研究室には教科書に出てくるような化学者たちが出入りするようになり、大村さんも彼らと親交を深めます。

しかも、学会の仕事で忙《いそが》しくなったティシュラー教授から研究室の運営をまかされ、莫大《ばくだい》な予算を好きなように使って研究に没頭できる環境《かんきょう》が与えられました。

日本の北里研究所から帰国を命じられるまで、約2年間。

大村さんはティシュラー教授との共同研究として6本もの論文を発表し、アメリカでの地位を着実に固めていきました。

空白地帯から大逆転のノーベル賞へ

日本に帰国するにあたって、大村さんが最初に着手したこと。それは、アメリカの大手製薬会社であるメルク社から研究費を引き出すことでした。

アメリカで充実した研究生活を送った大村さんは、シンプルな結論にたどり着きました。日本の研究者も、けっしてレベルが低いわけじゃない。それでもアメリカに太刀打《たちう》ちできない最大の理由は、研究費だ。日本の大学は、研究に使えるお金があまりにも乏《とぼ》しい。

そこで大村さんは、日本に帰ってからも存分に研究できるよう、企業《きぎょう》（製薬会社）と手を組んで、彼らにお金を出してもらおうと考えたのです。

大村さんはメルク社に、こんな提案をします。

まずは受けとった研究費を使って、わたしたちが新薬につながるような化合物を見つけて特許をとる。化合物の研究データと、それを使う権利はあなたたちに渡《わた》すから、好きなように新薬をつくってくれ。そして新薬が実用化され、販売《はんばい》されたら、売り上げに応じてわたしたちに特許料を支払ってほしい。最初に受けとるお金は純粋《じゅんすい》な研究費で、売り上げに応じて受けとるお金は成功報酬《ほうしゅう》だ、というわけです。

これはアメリカでものちに**「大村方式」**と呼ばれるようになる、産学連携《れんけい》（企業と大学が手を結ぶこと）の先駆《さきが》けでした。結果的に、この方式で大村さんは年間8万ドル（当時の日本円で約２４００万円）もの研究費を勝ち取ったのです。

しかし、この「大村方式」で契約《けいやく》を結ぶには、かならず新薬につながるような発見をする、と企業側に納得《なっとく》してもらわなければなりません。ここで大村さんは、またも「空白地帯」に目を向けました。

人間の病気を治す薬は、世界じゅうの研究者が莫大な予算を使って研究にあたっている。そこで勝負しても勝ち目はないだろう。でも、**動物用の薬だったらどうだろう？**　それならライバルも少ないし、家畜《かちく》が病気から救われるのならたくさんの人が喜ぶはずだ。しかも、動物用につくった薬がいつか人間用の薬として役立てられるかもしれない。

この大胆な「仮説」にメルク社の担当も飛びつき、１９７３年に共同研究の正式契約が結ばれることになりました。契約期間は3年間。このあいだに「大発見」ができるのか。大村さんは、それをやってのけました。

翌１９７４年、大村さんの研究チームが静岡県《しずおかけん》で採取した土のなかから、これまで知られていなかった菌《きん》が発見されます。そしてこの不思議な菌がつくっている物質に、新薬につながる、さまざまな可能性が秘《ひ》められていることがわかりました。そこで1975年からメルク社と共同で実験を続けたところ、動物の寄生虫に劇的な効果を発揮することが明らかになったのです。

エバーメクチン（製品名イベルメクチン）と名づけられたこの新薬。有効性や安全性について十分な実験と検証を積み重ねたのち1979年に、大村さんのグループは学会でその成果を発表します。

こうして1981年に製品化されたイベルメクチンは、寄生虫の特効薬として2年後には動物薬の売り上げトップに躍《おど》り出《で》ます。みなさんにいちばん身近なところでいうと、蚊《か》を通じて感染《かんせん》する犬のフィラリア症《しょう》。この病気の予防薬としても、イベルメクチンが使われています。この結果、大村さんの所属する北里研究所には、その後200億円以上もの成功報酬（特許料）が支払われるようになりました。

しかも、これだけでは終わりません。

大村さんが立てた「仮説」のとおり、イベルメクチンが人間にも効果があるとわかったのです。とくに効果を発揮したのが、アフリカを中心とする熱帯地方で流行していた「オンコセルカ症」という感染症でした。寄生虫を原因とするこの病気は、感染すると猛烈《もうれつ》なかゆみを引き

いきなり人間用の特効薬をつくろうとせず、
まずは動物用の特効薬をつくって、それを人間用に改良する

起こし、やがて失明に至る恐ろしい病として知られていました。イベルメクチンが誕生する前まで、毎年数万人の人がこの病気で失明していたといいます。

ところが、人間用に改良されたイベルメクチン（製品名メクチザン）の錠剤《じょうざい》を年に1回飲むだけで、寄生虫を駆除《くじょ》してオンコセルカ症が予防できるのです。これによって大村さんは「2億人を失明から救った」といわれています。

そのほかにも、皮膚《ひふ》が象のように腫《は》れ上《あ》がることから「象皮症」とも呼ばれるリンパ系フィラリア症、ダニによって感染する皮膚病の一種である疥癬症《かいせんしょう》など、さまざまな病気に効果を発揮し、それぞれの撲滅《ぼくめつ》に貢献《こうけん》しています。

こうした業績が称《たた》えられ、大村さんは２０１５年にノーベル生理学・医学賞を受賞することになったのです。

学生時代にあまり勉強をせず、エリート街道とはまったく違った道を歩んだ大村智さん。オールド・ルーキーであった彼は、36歳でのアメリカ留学にあたって、あえて「空白地帯」のウェズリアン大学を選びました。帰国後にも競争の激しい人間用新薬の研究を避《さ》け、あえて「空白地帯」の動物用新薬に対象を絞《しぼ》りました。

そこには「画期的な動物用新薬をつくれば、やがて人間にも応用できるはずだ」という仮説があったのです。**大きな冒険に向けて、自分だけの「地図」を描いていた**のです。

中学1年生で起業を考えたビル・ゲイツ

続いて、もしかしたら世界でいちばん有名かもしれない実業家、**ビル・ゲイツ**（人物10）についてお話しします。

彼のことを普通に紹介するなら、パソコンの基本ソフト「ウィンドウズ」シリーズで有名なマイクロソフト社の共同創業者、となるでしょう。あるいは、世界長者番付のトップ（２０１

5年）に君臨する「世界一のお金持ち」として、彼の名前を知っている人も多いかもしれません。

ちなみに現在、ビル・ゲイツはビジネスの第一線から退《しりぞ》き、途上国《とじょう》の医療や教育問題に取り組む慈善《じぜん》団体「ビル・アンド・メリンダ・ゲイツ財団」の活動に専念しています。

たった一代でマイクロソフト帝国《ていこく》を築き、世界一の富豪《ふごう》となったビル・ゲイツ。彼もやはり、大きな「仮説」をもち、その仮説を証明するために奮闘《ふんとう》した人物でした。

【人物10】

1955年、アメリカ・シアトル市内の病院で元気な男の子が生まれました。

男の子の名前は「ウィリアム・ヘンリー・ゲイツ3世」。まるで貴族のような響《ひび》きですが、これがビル・ゲイツの本名です。当然、父親の本名は「ウィリアム・ヘンリー・ゲイツ2世」で、いまではビル・ゲイツ・シニアと呼ばれることが一般《いっぱん》的になっています。

ゲイツ家は、父親は弁護士、母親はボランティア活動に励《はげ》む元中学校教師、という知的で裕福な家庭でした。家を留守にすることも多かった両親に代わり、子どもたちの面倒《めんどう》を見ていた祖母のアデルは、とにかくたくさんの本を読ませました。

その影響《えいきょう》もあってか、小学生時代のゲイツは、百科事典『ワールド・ブック・エンサイクロペディア』を「A」から「Z」まで読破するほど利発な少年で、平均値を100とする知能指数（IQ）は、160だったといわれています。

こうしてのびのびと育ったゲイツは、小学校を卒業すると、シアトルを代表する名門私立校のレイクサイド校に入学。

ここで彼は、人生を一変させるふたつの出会いを果たします。

ひとつは、のちにマイクロソフト社の共同創業者となるポール・アレンとの出会い。そしてもうひとつが、コンピュータとの出会いでした。

この出会いは、かなり幸運だったといっていいでしょう。レイクサイド校は、まだパソコンも誕生していない1968年からコンピュータ教育を導入した、全米でもかなり先進的な学校だったのです。

ゲイツをはじめ、好奇心旺盛《こうきしんおうせい》な生徒たちにとって、コンピュータは未来の象徴《しょうちょう》であり、格好のおもちゃでもありました。当時コンピュータの指導をまかされていた先生は、「最初はわたしたちが教えましたが、子どもたちはどんどん自分たちでプログラムを身につけ、あっという間にわたしたちを追《お》い抜《ぬ》きました。数週間もすると、生徒にあたらしいことを教えられる教師は誰もいなくなったほどです」と振《ふ》り返《かえ》っています。

そんな生徒たちの先頭に立っていたのが、ゲイツでした。

当時13歳だったゲイツは、さっそく「三目並べ」のプログラムを書き上げると、さらに高度な「宇宙船ゲーム」のプログラムを書き上げます。学校の友だちは、これらのゲームにお昼ごはんを忘れるほど夢中になりました。

1970年のビル・ゲイツとポール・アレン（左）
（写真：Photoshot／時事通信フォト）

そしてもうひとり、ビル・ゲイツに負けないくらいの情熱でコンピュータと向かい合っている生徒がいました。学年的には2年上になる先輩《せんぱい》、ポール・アレンです。彼はゲイツの印象について、当時の作文でこんなふうに書いています。

「からだは小さく、非常に頭がよい。ユーモアがあり、総じて好感のもてる人物だ。彼にとっては学校の勉強なんて、簡単すぎるのだろう。どの科目でも（ただし英語は除く）、ぼくと同じくらいできるし、ぼくよりできる科目もいくつかある。彼のほうが2歳年下にもかかわらず、だ。ただし、科学と世界情勢についてはぼくのほうが少し知っているかなと思う。どういう状況《じょうきょう》でも自分を笑い飛ばせる不思議な能力ももっている。コンピュータなど、最新の機械が好きなところはぼくと一緒《いっしょ》だ。自分からなにかを提案して能動的に動くことが好きで、楽しいことのできそうなチャンスを見つけると、驚くほどの早さで飛びつく。とにかく、ぼくと相性《あいしょう》がいいのだ」

こうしてポール・アレンと意気投合したゲイツは、ある日びっくりするような提案をしてきました。父親が定期購読《こうどく》していたビジネス雑誌『フォーチュン』が年に1回発表する、全米の企業売り上げランキング「フォーチュン500」を片手に、こんなことを聞いてきたのです。

「フォーチュン500に載るような企業を経営するって、どんな気分だろうね」

困惑《こんわく》したアレンが「想像もつかないよ」と答えると、ゲイツはこう言いました。

「そうかなあ。ぼくたちはいつか自分の会社をもつんじゃないかと思うよ」

このときビル・ゲイツは13歳。まだ中学1年生、みなさんよりも後輩《こうはい》にあたる年齢《ねんれい》です。彼はすでに「仮説」を立て、起業すること（自分の会社をつくること）を考えていました。ポール・アレンと一緒に会社をつくる、しかも全米500位にランキングされるような会社をつくるのだと。ここから彼の「仮説」はますます具体性を帯びていくことになります。

マイクロソフトの社名に込められた想《おも》い

コンピュータに魅《み》せられたビル・ゲイツの「仮説」が確信に変わったのは、彼が17歳、高校3年生のときのことでした。

1972年の夏、ポール・アレンが『ポピュラー・エレクトロニクス』という雑誌の記事を見せてきました。そこに掲載《けいさい》されているのは、「8008」という最新のマイクロプロセッサ。これは、コンピュータの「頭脳」ともいえる小さな部品です。

もともとこの部品は、工場の機械やエレベータなど、シンプルな動作をコントロールする「頭脳」として開発されていました。しかし、ゲイツが見た未来は、まったく違います。

この技術が進歩していけば、壁《かべ》一面を埋《う》めつくすような大型コンピュータはいらなくなる。もっと小型の、個人用コンピュータ（パソコン）が誕生するはずだ。そしてテレビと同じように、すべての家庭にコンピュータが置かれる時代に突入《とつにゅう》するはずだ。

しかも、ゲイツの仮説が優《すぐ》れていたのは、この先です。

「そのときには、『ハード』ではなく『ソフト』が重要になっているはずだ」

やがて一家に一台のパソコンがあたりまえになる。そしてテレビやラジオがそうであるように、世界じゅうのメーカーがパソコンをつくるだろう。そこで争っても、ＩＢＭのような大企業に負けてしまう。だったら、すべてのパソコンで使われるような「ソフト」をつくればいいんだ。

そう、ちょうど競争の激しい人間用の薬ではなく、動物用の薬に活路を見いだした大村智さんのように、ゲイツも「ソフト」という空白地帯に旗を立てたのでした。

結果として、この仮説は大当たりでした。

いや、多少強引《ごういん》ともいえるやり方でみずからの仮説を現実のものにしました。

１９７９年、コンピュータ業界の巨人《きょじん》であるＩＢＭは、ついに個人用コンピュータ（パソコン）の開発に乗り出します。その2年前に、スティーブ・ジョブズ率いるアップル社が「アップルⅡ」というパソコンを発売し、大ヒットしていたからです。

しかし、それまで大型コンピュータばかりつくってきたＩＢＭにとって、予算やサイズが限られたパソコンをつくることは、そう簡単な課題ではありませんでした。1年間にわたって開発を続けたものの、なかなかうまくいきません。

そこで翌１９８０年、ＩＢＭは大きな決断を下します。

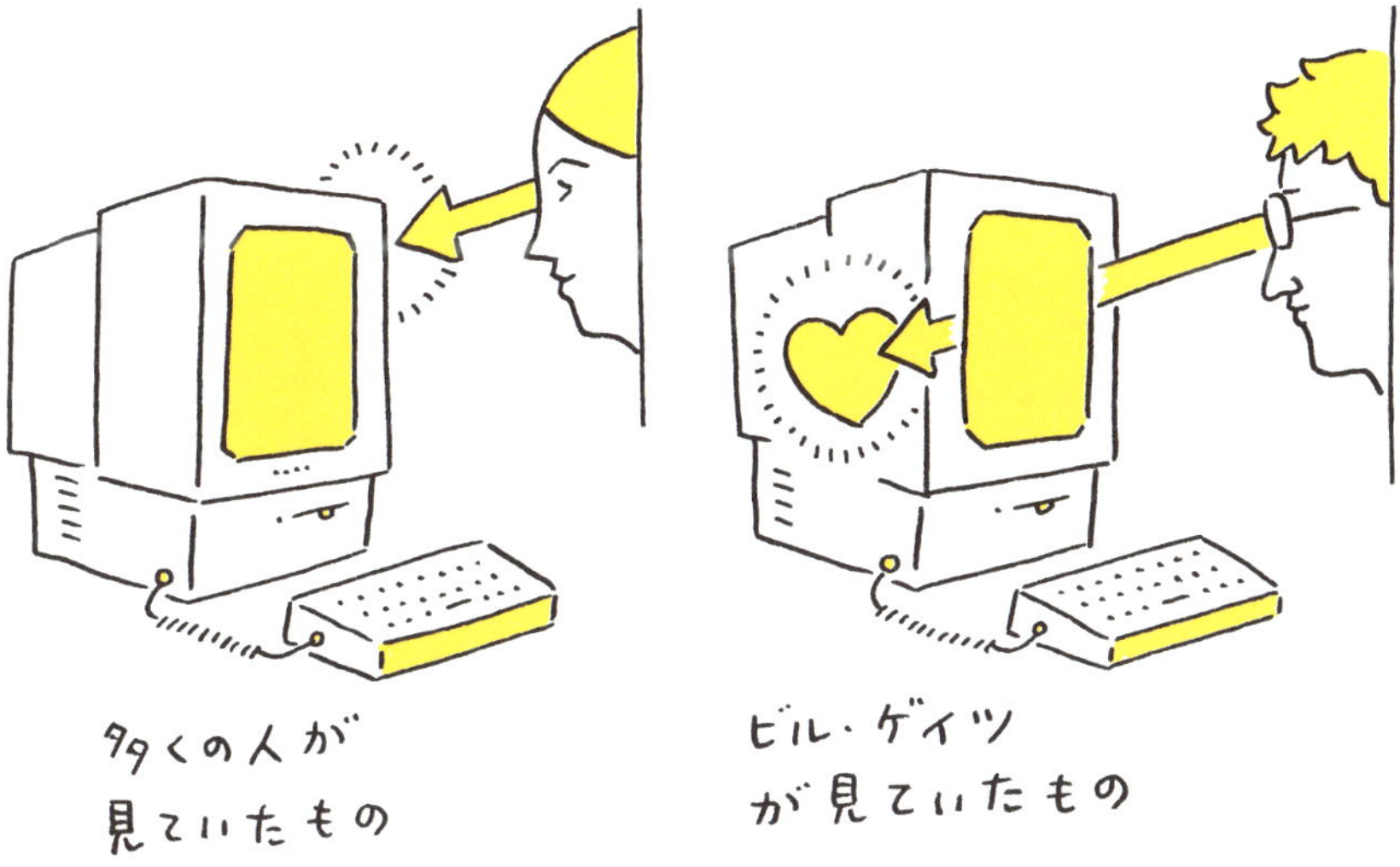

このまま開発が遅《おく》れていたら、パソコン市場はアップルが独占《どくせん》することになる。自分たちはパソコン本体の開発に集中して、基本ソフト（OS）については別の会社につくらせよう。残された開発期間は1年。その限られた時間で、アップルに負けない基本ソフトをつくってくれる会社を探すのだ。

ここで「できます！」と名乗りを上げたのが、ビル・ゲイツだったのです。

当時、マイクロソフト社を設立していたゲイツたちに、わずか1年で基本ソフトをつくるだけの能力があったのか？

……ありません。でも、このチャンスを逃《のが》すわけにはいかない。

そこでゲイツたちは、ある会社のある基本ソフトに目をつけました。ちょうどそのころ、「シアトル・コンピュータ・プロダクツ」という会社が、「86－DOS」という基本ソフトを開発していたのです。

「あの基本ソフトを手に入れて、IBM用に改造すれば、どうにかなるかもしれない」

ゲイツたちは、大急ぎでシアトル・コンピュータ・プロダクツ社と交渉《こうしょう》して、この基本ソフトの権利を5万6000ドルという安値で買い取ります。さらには、ソフトの開発責任者までも引き抜き、猛スピードでIBM用の基本ソフトに改造していったのです。

そして1981年、IBMは同社初の個人用コンピュータ「IBM－PC」を発売します。PCとはパーソナル・コンピュータ、つまり個人用コンピュータのこと。われわれが慣れ親しんでいる「パソコン」という名前は、この商品から生まれました。

年間1万数千台の販売を目標としていた「IBM－PC」は、最初の2年間で100万台を超《こ》える大ヒット商品となるほど、世界を席巻《せっけん》しました。

当然、このパソコンに入っていた基本ソフトは、マイクロソフト社製。IBMはこれに「PC－DOS」という名前をつけましたが、ビル・ゲイツたちは他社に販売する際にはマイクロソフトのDOSという意味の「MS－DOS」という名前をつけました。

この「MS－DOS」はパソコン業界の標準ソフトとして普及《ふきゅう》し、その後の「ウィンドウズ」シリーズにも受け継がれていくことになります。

IBMやその他の大手パソコンメーカーがどんなに優れたパソコンをつくっても、そこにマイクロソフト社の「MS-DOS」や「ウィンドウズ」が入っていないと動かない。「MS-DOS」や「ウィンドウズ」が入っていないパソコンなんて、誰も買ってくれない。そこまでの状況をつくったビル・ゲイツは、**1台のパソコンもつくることなく、パソコン業界を制してしまったのです。**

ビル・ゲイツは、小さなマイクロプロセッサの記事に「一家に一台のパソコン時代」という未来を見ました。そしてその未来を制するための「空白地帯」を、ソフトウェアに見いだしました。「マイクロソフト」という社名には、彼の仮説がすべて詰《つ》まっているのです。

「仮説」を失敗した発明王

それでは最後に、仮説の設定に間違った偉人《いじん》を紹介して、この2時限目を終わりたいと思います。

あの発明王、**トーマス・エジソン**（人物11）です。もしかしたら小学生時代に伝記を読んだという人もいるかもしれません。白熱電球を発明した発明家として、そして「天才とは、1パーセントのひらめきと、99パーセントの努力である」という名言を残した人物としても有名です。

しかしここでは、彼が自身の発明品のなかでもっとも愛したといわれる「蓄音機《ちくおんき》」についてお話ししたいと思います。蓄音機とは、レコードプレーヤーやCDプレーヤーの原形のような機械で、録音と再生の両方の機能をもっていました。

蓄音機の発明は、意外なところからスタートします。

まず、1876年にアメリカの発明家、グラハム・ベルが電話機を発明します。それまでにも「モールス信号」という電気信号を用いた通信(電信)は発明されていましたが、ベルは人間の音声そのもので通信できる機械を発明したのです。

この一報を受けて、負けじと電話機の開発に乗り出したのがエジソンでした。ベルのものよりも高性能な電話機を発明すれば、モールス信号(電信)に代わるまったくあたらしい通信手段になる。それによって世界が一変するはずだと、エジソンは考えました。

ところが、エジソンに資金を提供していた人々は、電話の価値をまったく理解しようとしません。たしかに電話は驚きの新技術だが、しょせんは子ども向けのおもちゃみたいなものだ。そんな高価なおもちゃが売れるはずはないし、普及するとも思えない——それが出資者たちの反応でした。

電話で声を届けるだけではダメなのだ。手紙や電報のように記録として残るものにしないと、企業では使ってもらえない。どうにかして声そのものを残すことはできないか。

……こうして1877年に発明されたのが、蓄音機だったのです。

蓄音機は、エジソンの名声を一気に高めてくれました。

彼の研究所があったニュージャージー州メンローパークには、うわさの「しゃべる機械」の声を聞こうと、記者や科学者を含《ふく》む大勢の野次馬たちが詰めかけました。

エジソンは喜んで実演しますが、人々は目の前で起きていることが信じられず、当初エジソンは「腹話術を使っているのではないか?」と疑われます。そして蓄音機が本物だとわかると、人々は彼のことを**「メンローパークの魔《ま》術師《じゅつし》」**と呼ぶようになるのです。現在、メンローパークは町名を「エジソン」に変更《へんこう》しています。

さて、こうしてエジソンの名を全米に轟《とどろ》かせた蓄音機という大発明。

しかし、彼はここで「仮説」の立て方を失敗しました。

【人物11】

トーマス・エジソンと初期の蓄音機（蠟管《ろうかん》式）

彼は蓄音機で音楽を再生することなど、想像さえしていなかったのです。

ベルよりも優れた電話を開発しようとして、最終的に「声」そのものを手紙のように記録することを思いついたエジソン。彼にとっての蓄音機は、「音声メモ」をとる機械だったんですね。彼は録音した「声の手紙」を郵送してやりとりするような未来を想像していたのです。

一方、蓄音機を音楽用に改良した会社が現れます。

コロムビア・フォノグラフ社（現コロムビア・レコード）と、ビクター・トーキング・マシン社（のちのRCAビクター、現RCAレコード）です。

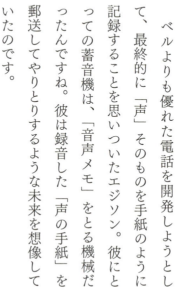

両社は、円盤《えんばん》状のレコードを使って音声を記録・再生する方式をとり、音楽再生の分野に活路を見いだしていきます。

エジソンの蓄音機も改良を重ね、手軽な録音再生機としては生き残ったものの、音楽という巨大《きょだい》ビジネスには手が届かないまま、世のなかから消えていきました。

エジソンほどの才能をもってしても、そして蓄音機ほどの大発明があったとしても、そこで掲《かか》げた「仮説」が間違っていれば、なんの意味もない。これはしっかり覚えておいたほうがいい事実です。

じつはエジソンにも、自分の「仮説」を修正するチャンスが2度ほどありました。

まずは蓄音機の発明から8年後、あの電話機を発明したグラハム・ベルたちから、蓄音機の共同開発をもちかけられたときです。蓄音機に大きな可能性を感じていたベルらは「研究開発費は自分たちが負担するから、一緒にやろう」と申し出ました。

しかしエジソンは、「なにか裏があるに違いない。きっとベルたちは自分の発明を盗《ぬす》むつもりなんだ」と考え、申し出を断ってしまいます。

結果としてベルは、自分たちだけで蓄音機の会社を設立し、これがコロムビア・フォノグラフ社とビクター・トーキング・マシン社の源流となっていきました。

もうひとつのチャンスは、長時間の録音と再生ができる、円盤型レコードが登場したときです。それまでエジソンは円筒《えんとう》型のレコードを使っていたのですが、これだと録音再生できる時間が最長2分程度で、音楽には不向きでした。

エジソンの「ボイスメモ型」蓄音機は、音楽プレーヤーになれなかった

もし、エジソンが円盤型の優位性を認め、自分の蓄音機でも円盤型レコードを採用していれば、音楽用途《ようと》の可能性も広がったでしょう。

しかし彼は、自分の蓄音機にこだわり、変化のチャンスを逃してしまいました。発明王としての「権威《けんい》の思い込み」があったのでしょうし、自説を曲げない「個人の思い込み」もあったのでしょう。

自分の立てた仮説が、１００パーセント正しいことなんて少ないでしょう。

エジソンがそうだったように、また大航海時代の地図がそうだったように、仮説の多くは間違っているものです。

しかし、仮説がなければ前に進むことはで

きません。そして間違いを察知したら、その場で修正していけばいいのです。仮説はあくまでも「仮」なのですから、あとで修正することを前提に立てておく、くらいの心構えでちょうどいいのだと思ってください。

仮説は「空白地帯」を狙《ねら》って立てる。

そして仮説は、時代や状況の変化に応じて柔軟《じゅうなん》に修正していく。

このふたつの原則を忘れなければ、みなさんにも立派な地図が描け、冒険をはじめられるはずです。

2時限目まとめ

1 冒険は、仮説という名の「地図」がなければはじまらない

2 まだ誰も手をつけていない「空白地帯」に仮説の旗を立てよう

3 競争の少ない動物用医薬に目をつけ、2億人を救った大村智さん

4 パソコン用ソフトに「旗」を立てたビル・ゲイツ

5 エジソンは蓄音機の「仮説」を間違えていた

6 自分の仮説を修正する勇気をもとう

3時限目

一行の「ルール」が世界を変える

柔《じゅう》道《どう》が世界で愛されるたったひとつの理由

2020年、オリンピック・パラリンピック夏季大会が、東京で開催《かいさい》されます。もしかしたらみなさんのなかにも、選手として、あるいは運営スタッフとして、参加する人が出てくるかもしれません。

そしてオリンピックのたびに日本人金メダリストの期待がかかる競技といえば、柔道です。前回の東京オリンピック(1964年)で正式種目となって以来、柔道は日本に多くの金メダルをもたらしてきました。

でも、不思議に思ったことはありませんか?

一般《いっぱん》に、日本の国技は相撲《すもう》だとされています。法律で定められた国技ではないものの、大相撲の初場所、夏場所、秋場所が開催される会場は両国国技館。実質的に、相撲は日本の国技と見なされているといっていいでしょう。相撲の歴史は古く、『古事記』や『日本書紀』にも、相撲と思われる記述が見受けられます。

しかし、それだけの伝統をもつ国技の相撲は、オリンピック正式種目になっていません。海外の競技人口も、増えつつはあるものの世界的には超《ちょう》マイナーな競技です。

どうして相撲は世界に受け入れられず、柔道はこれだけ国際化できたのでしょうか？

……答えは、柔道がスポーツとしての「ルール」を整備できたから。

この3時限目では、柔道がスポーツとして国際的に受け入れられていくまでの歴史を振《ふ》り返《かえ》りながら、「ルールをつくること」の大切さを考えていきましょう。

もともと柔道は、戦国時代から武士たちのあいだで武芸として発展し、江戸《えど》時代には「柔《じゅう》術《じゅつ》」という名前で呼ばれていました。当時は流派ごとに技《わざ》の内容も異なり、スポーツとしてではなく、戦場で闘《たたか》うための武芸（組《く》み討《う》ち）、また護身術のひとつとして普及《ふきゅう》していたわけです。

【人物12】

そして明治時代、日本のスポーツ界を一変させる、ひとりの男が立ち上がります。

柔道の創始者、**嘉納治五郎**《かのうじごろう》（人物12）です。

子どものころからからだが弱かったため、「柔術」を習うことにした嘉納治五郎。あるとき彼《かれ》は、師匠《ししょう》に投げ飛ばされたあと、「いまのはどうやって投げたのですか？」と投げる際のポイントを質問しました。

ところが師匠から「弟子《でし》のお前がそんなことを聞いても、わかるものか。理屈《りくつ》じゃなく、稽《けい》古《こ》の数をこなせばわかるようになるんだ！」と怒《おこ》られてしまいます。

当時、東京大学で政治・経済《けいざい》を学ぶ秀才《しゅうさい》でもあった嘉納は、この答えに納得《なっとく》できませんでした。どんな技だって、理屈があって成立しているはずだ。稽古の数をこなすのも大切だけど、もっと論理的に教えたほうがいいんじゃないか。**「からだで覚えろ」式の精神論に、大きな疑問を抱《いだ》いたのです。**

また、嘉納は、ふたつの流派から「柔術」を学んだのですが、それぞれの流派で指導内容が大きく異なりました。そして技を極《きわ》めようと古い文献《ぶんけん》を調べてみたところ、ここでも流派ごとに違《ちが》うことを言っています。道場の数だけ正解があり、師匠の数だけ正解がある。そんな状況《じょうきょう》を疑問に思っていました。

しかし同時に、嘉納はこんな確信ももっていました。

「柔術を習いはじめてから、あれだけ弱かったからだが丈夫《じょうぶ》になり、短気だった性格も我慢《がまん》強くなった。柔術が、心とからだの両方を鍛《きた》えてくれたことは間違《まちが》いない」

そしてひとつの決断を下すのです。

「殺傷の術だった柔術の危険な技を取《と》り払《はら》って、技に理論をもち込《こ》み、思想を加えていけば、心とからだの両方を鍛えるあたらしい『道』ができるはずだ」

弟子に稽古をつける嘉納治五郎（提供：公益財団法人講道館）

人間形成をめざした柔《やわら》の道、すなわち「柔道」の誕生です。1882年、嘉納はみずからの柔道を指導する「講道館」を創設しました。

嘉納治五郎の柔道は、それまで「見て学べ」「からだで覚えろ」ばかりだった柔術の稽古に、さまざまな改革をもたらします。

たとえば、かつて師匠に教えてもらえなかった投げ技のポイント。嘉納は、達人たちの技を研究するなかで、投げる直前に「相手のからだの重心を不安定にすること」の重要性を発見します。この「崩《くず》し」という動きを理論化し、稽古に導入することで、柔道家たちの技術は飛躍《ひやく》的に向上しました。

また、投げ技を42本に分類し、これを習得しやすい技からむずかしい技まで5段階に分けて教えるようにしていきます。さらに、当て身（打撃技《だげきわざ》）や危険な関節技を「形」にだけ残し、より安全な、技の優劣《ゆうれつ》を競《きそ》う試合方法を確立しました。

意外なところでは、囲碁《いご》や将棋《しょうぎ》の世界から初段・二段・三段などの「段位制度」を導入し、選手の実力をわかりやすくランクづけしたのも嘉納の功績です。

こうして嘉納の創設した講道館柔道は、その勢力をみるみるうちに拡大し、警視庁の武術として採用され、学校の体育にも採用されていきます。さらに嘉納は積極的に海外を訪問し、柔道の普及活動に努めていきました。１９０９年にはアジア初の国際オリンピック委員に就任し、１９３６年には東京オリンピック招致《しょうち》に成功（第二次世界大戦の激化で開催中止）するなど、めざましい活躍《かつやく》を見せます。

こうして現在、国際柔道連盟に加盟する国と地域は２００を超《こ》えるまでになりました。ハジメ、マテ、ワザアリ、イッポンなどの日本語は、世界共通語です。

嘉納治五郎は、腕《うで》っぷしの強さで柔道を認めさせていったのではありません。彼は「ルール」をつくることで、マイナーな格闘技《かくとうぎ》に過ぎなかった柔術を柔道に変え、世界に認めさせたのです。誰《だれ》もが通れるような「道」を整備した、という意味では、「柔道」という名前は非常に象徴《しょうちょう》的です。

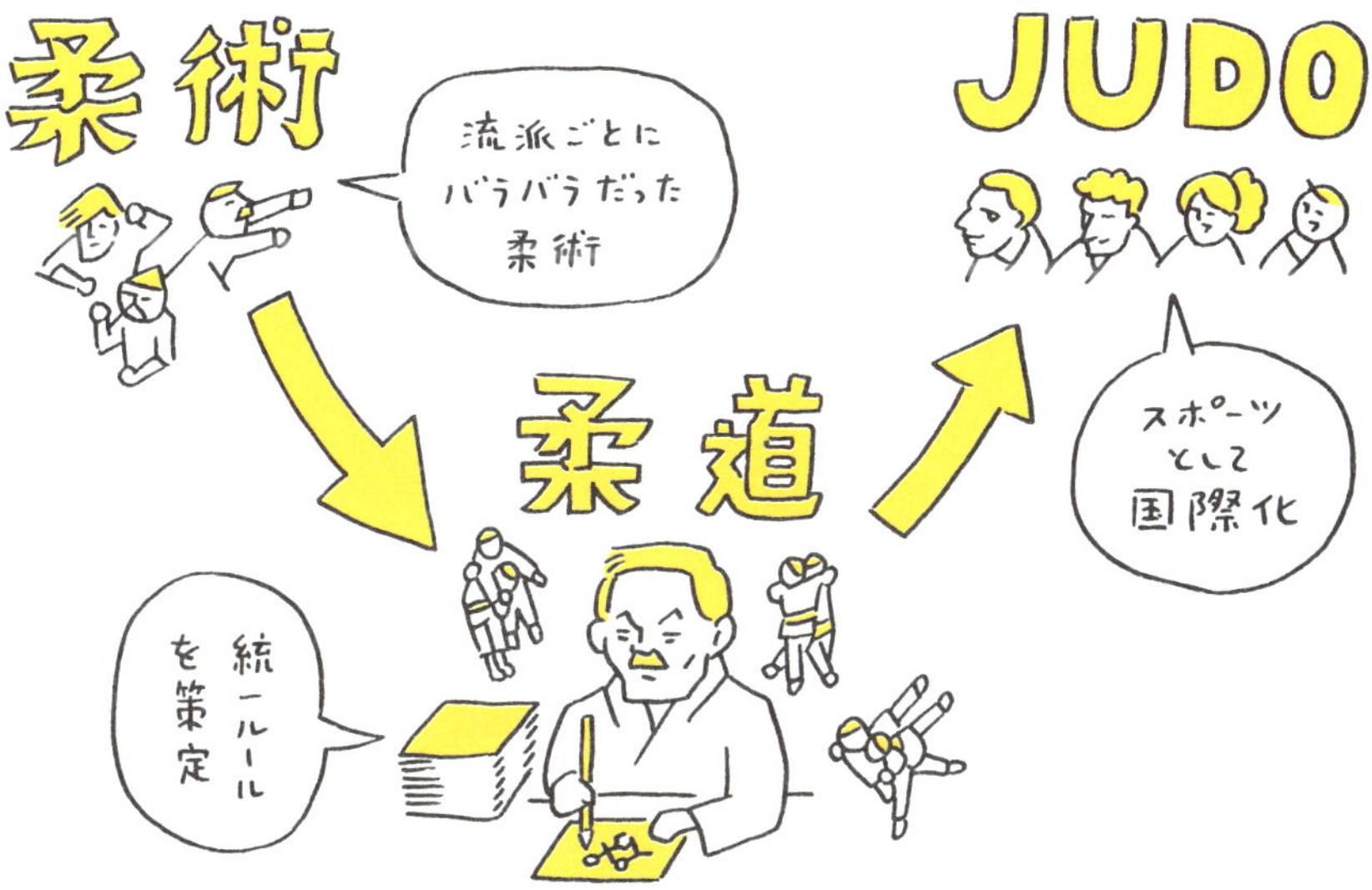

歴史と伝統に縛《しば》られ、なかなか変化のできない相撲は、国際的なスポーツとしては普及せず、いまだ日本古来の伝統芸能のようにして存続しています。度重《たびかさ》なるルール改正や、カラー柔道衣の導入などでスポーツ化の道を進んできた柔道とは大違いです。

これからみなさんは、あたらしい価値観に基《もと》づく、あたらしい生き方や考え方を主張し、古い世界を変えていかなければなりません。そしてこのとき必要なのは「あたらしいルール」をつくることです。

世界は、たった一行のルールで変わる。

いま、みなさんが暮らしている日本も、あるひとりの女性がつくったルールによって、大きく変わりました。まったく無名で、学者でも政治家でもない22歳《さい》の女性が、日本を変えたのです。続いて、彼女《かのじょ》の物語を紹介《しょうかい》しましょう。

22歳の女性が日本社会を変えた

わずか22歳にして、日本の歴史を大きく変えた女性。

彼女は1923年、オーストリアのウィーンで生まれました。日本人ではありません。国籍《こくせき》もなかなか複雑で、ロシア（現ウクライナ）系のユダヤ人としてオーストリアに生まれ、5歳から15歳までのあいだ日本で暮らした女性です。

彼女の名前は**ベアテ・シロタ・ゴードン**（人物13）。もしかすると、今日紹介する「変革者」たちのなかで、もっとも無名な人物かもしれません。その一方で、みなさんの生活に与《あた》えた影響《えいきょう》の大きさでは、彼女ほど重要な人物もほかにいないでしょう。

いったいベアテは、日本のなにを変えたのか？

彼女は、日本に「男女平等」という概念《がいねん》をもち込み、定着させた女性です。

男尊女卑で女性が虐《しいた》げられていた日本社会を、たった一行のルールでひっくり返した女性です。どうやってそれを成《な》し遂《と》げたのか？　答えを急がず、もう少し彼女の足跡《そくせき》を追っていくことにしましょう。

ベアテの父親レオ・シロタは、世界的なピアニストでした。9歳にしてはじめてのコンサートを開き、14歳でキエフ歌劇場のピアノ伴奏《ばんそう》者になり、「フランツ・リストの再来」と呼ばれ、ヨーロッパ全土でコンサートを開く音楽界のスターでした。

そして彼が中国のハルビンでコンサートを開催したとき、偶然《ぐうぜん》観客席にいたのが、日本を代表する音楽家、山田耕筰《やまだこうさく》でした。彼は、童謡《どうよう》『赤とんぼ』の作曲者として有名ですが、日本初のオーケストラを設立した人物でもあります。

【人物13】

レオの演奏に感激した山田耕筰は、ぜひコンサートツアーの締《し》めくくりとして日本にも来てほしいとお願いします。世界的ピアニストの来日公演は、大成功を収めました。彼の公演では、当時即位《そくい》したばかりだった昭和天皇に捧《ささ》げる曲が披露《ひろう》されたり、日本のヤマハ製ピアノで演奏したりと、日本への敬意が込められていたといいます。日本人はレオが大

山田耕筰とシロタ一家（写真：ドキュメンタリー工房）

好きになり、彼もまた日本が大好きになりました。

そして翌1929年（昭和4年）、レオは再び来日を果たします。今度は妻のオーギュスティーヌと、一人娘《ひとりむすめ》のベアテを伴《ともな》って。半年間だけ滞在《たいざい》する予定でしたが、最終的にレオ夫妻はそのまま17年間、日本に滞在しました。

このときベアテは5歳。活発な女の子だった彼女は、すぐに友だちをつくり3ヵ月も経《た》たないうちに日本語をしゃべりはじめます。両親はドイツ語、ロシア語、フランス語、そして英語を使いこなしましたが、なかなか日本語を覚えられません。こうしてベアテは、両親の「通訳」として、日本での日々を過ごすことになります。

ここでみなさんは不思議に思うかもしれません。

いったいなぜ、それほど有名な世界的ピアニスト一家が、日本で暮らすようになったのか。

当時はまだ、インターネットもなく、海外との連絡《れんらく》手段はもっぱら手紙と電報で、国際線の旅《りょ》客機《かくき》さえ飛んでいない時代です。ヨーロッパから見れば、世界地図のいちばん端《はし》にある日本に暮らすなんて、どう考えても不便でしょう。

その理由として、まず第一に、レオ自身が日本のことが好きだったということが挙げられます。さらには、彼らがユダヤ人であったことも大きく関係しているでしょう。

当時のヨーロッパは、世界恐慌《きょうこう》の影響で経済が落ち込み、政治や社会全体が不穏《ふおん》な空気に包まれていました。とくにドイツでは、反ユダヤ主義を掲《かか》げるナチスが台頭するなど、ユダヤ人にとって暮らしにくい場所になりつつありました。

一方、日本ではユダヤ人だからといって差別されるようなことはありません。ヨーロッパで反ユダヤ主義の嵐《あらし》が吹《ふ》き荒《あ》れる背景には、キリスト教とユダヤ教の対立があるのですが、日本は宗教差別のほとんどない国でした。

こうしてレオは、東京音楽学校（現・東京芸術大学）の教授に就任し、若い音楽家たちを指導しながら充実《じゅうじつ》した日々を送っていきました。

しかし日本にも戦争の影《かげ》が忍《しの》び寄《よ》り、ベアテが高校を卒業するころには、とても日本の大学への進学は考えられなくなります。彼女自身はパリのソルボンヌ大学への進学を希望していたものの、ヨーロッパに蔓延《まんえん》する反ユダヤ主義の風潮を考えると、それも危険です。こうしてベアテは、1939年にアメリカの大学への進学を決意します。日本とアメリカが戦争に突入する、2年前のことです。

第二の故郷で憲法をつくる

サンフランシスコの大学に留学したベアテは、成績も優秀《ゆうしゅう》で奨学金《しょうがくきん》をもらいながら大学に通っていました。しかし日本とアメリカの関係が悪化して、両親からの仕送りがとだえると、みずから働いて生活費を稼《かせ》ぎながら大学生活を続けていきます。

ここで役立ったのが、幼いころから家庭のなかで続けてきた「通訳」の技術でした。

もともと日本語、英語、ドイツ語、ロシア語、フランス語ができたことに加えて、大学ではスペイン語まで身につけたベアテ。語学力をいかした仕事ならたくさんあります。とくに、彼女の日本語能力は非常に重宝されました。開戦後、日本語が得意な日系アメリカ人たちは「敵国のスパイかもしれない」という理由から、強制収容所に送り込まれており、日本語のできる人材が不足していたのです。

こうしてベアテは、学生時代から翻訳者《ほんやくしゃ》として働き、大学卒業後には陸軍の情報部で翻訳と日本語ラジオ放送の仕事に就《つ》きます。さらに2年後、彼女はニューヨークに移り住み、雑誌『タイム』の外国部で働きはじめました。『タイム』といえば、アメリカを代表するニュース雑誌です。

しかし、ここで彼女は厳しい現実を突《つ》きつけられます。

当時の『タイム』では、記者になれるのは男性だけで、女性はリサーチ・アシスタントという「資料探し」の仕事にしか就けなかったのです。6ヵ国語をあやつり、大学での成績も優秀で、メディアで働いた経験をもっている自分が、ただ女性というだけの理由で、記者になれない。彼女は大きな疑問を感じながらも、リサーチの仕事に全力で取り組みました。

そして1945年8月、太平洋戦争が終結すると、ベアテは両親の住む日本に帰ることを決意します。日米が戦争に突入して以来、両親とはもう何年も会っていませんし、連絡手段はとだえ、その安否さえたしかめる術《すべ》がなかったのです。

とはいえ、終戦間もない日本では、民間外国人の入国が厳しく制限されていました。もしも彼女が『タイム』の記者であれば、特派員として入国できる可能性もあったでしょう。しかしリサーチ・アシスタントである彼女には、それもかないません。

そこでベアテは、連合国軍最高司令官総司令部（ＧＨＱ）の職員に応募《おうぼ》し、兵士たちと一緒《いっしょ》に「第二の故郷」である日本に入るのです。１９４５年のクリスマス・イブ、終戦から４ヵ月後のことでした。

こうして日本に入国し、無事に両親とも再会できたベアテに、思いがけない話が舞《ま》い込《こ》みます。彼女が所属していたＧＨＱの民政局が、あたらしい日本国憲法の草案をつくることになったというのです。

もともとＧＨＱは、明治憲法（大日本帝国憲法《だいにっぽんていこくけんぽう》）こそが日本の軍国主義を助長したと考え、日本政府に対してあたらしい憲法をつくるように強く求めていました。ところが、明治憲法に問題があると思わない日本政府は、明治憲法にほんの少しだけ修正を加えた新憲法案を出してきます。これをＧＨＱが拒否《きょひ》して、日本政府はもう一度あたらしい憲法案をつくるのですが、まだ民主的な新憲法と呼べるものではありませんでした。そこで、ＧＨＱ側で草案を準備することにしたのです。

22歳のベアテは、憲法や法律の専門家ではありません。ＧＨＱの幹部というわけでもありません。**しかし彼女には、日本語をはじめ６ヵ国語をあやつる語学力と、『タイム』時代に磨《みが》いたリサーチ能力がありました。**家族にさえ漏《も》らしてはならない、と念を押《お》されたほどの極秘《ごくひ》プ

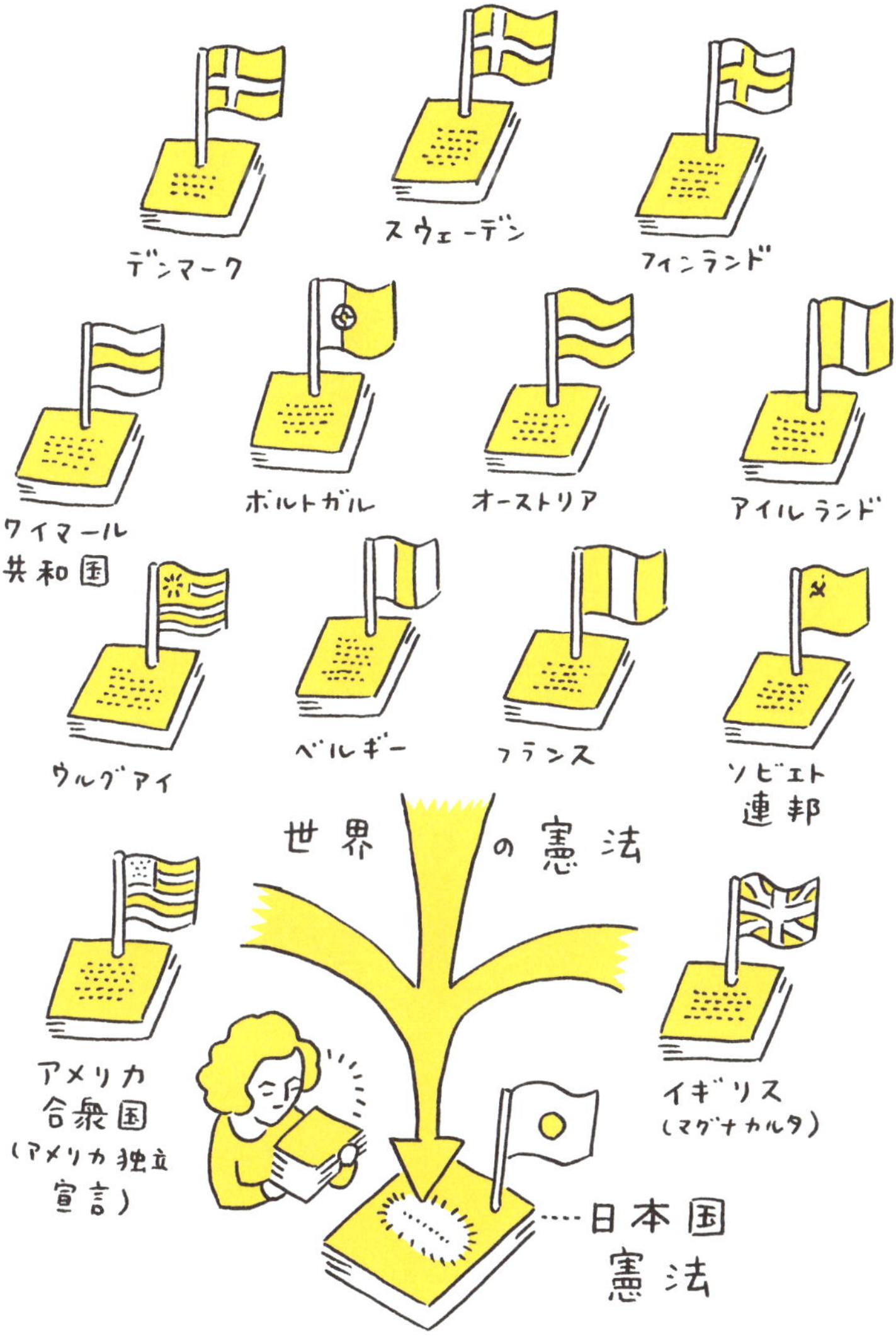
デンマーク
スウェーデン
フィンランド
ワイマール共和国
ポルトガル
オーストリア
アイルランド
ウルグアイ
ベルギー
フランス
ソビエト連邦
世界の憲法
アメリカ合衆国（アメリカ独立宣言）
イギリス（マグナカルタ）
日本国憲法

ロジェクト。日本人スタッフを入れるわけにはいかず、日本語を母国語のようにあやつる彼女の力は、どうしても必要だったのです。

草案作成に与えられた時間は、わずか9日間。

ベアテはさっそく大学や図書館を飛び回り、世界じゅうの憲法をかき集めてきます。アメリカやソビエト連邦《れんぽう》（現ロシア）といった超大国はもちろん、アイルランドやウルグアイなど、小国の憲法まで集められるだけ集めました。

「世界じゅうの知恵《ちえ》を結集して、大好きな日本に、最高の憲法を届けるんだ」

ここから彼女は、人生でもっとも濃密《のうみつ》な9日間を過ごすことになります。

「アマテラス」と「女子《おんなこ》ども」

憲法草案作成チームのなかで、ベアテの担当は「女性の権利」でした。上司から「きみは女性だから、女性の権利を担当するといい」と言われたとき、彼女は飛び上がるほど喜んだといいます。

もともとベアテは、日本女性が置かれた立場にずっと疑問をもっていました。

日本人は「アマテラス」という女神《めがみ》を崇拝《すうはい》している。古代には何人もの女帝《じょてい》がいたし、『源氏物語』の紫式部《むらさきしきぶ》や『枕草子《まくらのそうし》』の清少納言《せいしょうなごん》など、女流作家も活躍してきた。それなのにサムライの男たちが国を支配するようになると、女性の立場がどんどん弱くなっていく。西洋化を図《はか》った明治憲法でも、女性の権利はほとんど改善されていない。

たとえば、戦前の女性には参政権がありませんでした。選挙で投票することも、国会議員になることもできませんでした。財産は男性（夫）のものとされ、財産を相続することもできませんでした。子どもの親権も、夫のものでした。自分で裁判を起こすこともできず、教育や就職の面でも差別を受け、親の命令で顔も知らない男性と結婚《けっこん》させられることも、あたりまえのようにおこなわれていました。

いまのみなさんからすると、ちょっと信じられないような話でしょう。

当時の日本には、いまでいう「人権」の考えがありませんでした。代わりに「民権」という言葉が使われていました。これはわかりやすくいうと、「日本国民としての権利」であり、国から与えられた権利、という意味です。一方、本来の人権とは「人間が生まれながらにもつ権利」のことを指します。そして明治憲法の下《もと》では、男性にのみ「民権」が与えられていた、ということなのです。

さらに、ベアテがいやだったのが「女子《おんなこ》ども」という言いまわしです。「女子どもの出る幕じゃない！」などは、いまでもときどき耳にする言葉かもしれません。

ベアテはこの言葉を聞くたびに、女と子どもは半人前で、人間として認められていないような、まるで大人の男性と子どもの中間に「女」がいるような、そんな違和感《いわかん》を覚えていました。そして彼女はつねづね、日本の女性と子どもが幸せになったとき、日本に平和が訪《おとず》れ、日本人が幸せになれるのだ、と考えていたといいます。

こうしてベアテは、女性や子どもの人権に関する条文を、ありったけの情熱を注いで書いていきます。

家庭こそが社会の基礎《きそ》であること。法律的にも、社会的にも、男女が平等であること。結婚は男女の合意があったときにだけなされること。たとえ結婚していなくても、妊婦《にんぷ》と母親は国から保護されること。父親のいない子どもが差別を受けないこと。子どもたちの医療《いりょう》費は無料とすること。子どもたちをフルタイムで働かせないこと。男女の賃金は同じにすること。……これからの日本に必要になる権利を、思いつく限り書いていきました。

これに対してGHQ上層部は、ベアテの条文案を「憲法は、もっとシンプルな原理原則だけにするべきだ」として、細かい条文を削除《さくじょ》するように指示します。細々とした決まりごとは、個々の法律で定められるべきだというのです。

ベアテの考えは違いました。

西洋と違って「個人」という概念が根づいていない日本では、憲法のなかにしっかりとした条文として女性や子どもの権利を定めておかないと、法律がつくられないかもしれない。女性や子どもが、幸せになれないかもしれない。

しかし、ベアテの思いは届かず、彼女の起草した条文の多くは削除されました。そのなかでなんとか守《まも》り抜《ぬ》いた草案が、次の条文です。

第18条

家庭は、人類社会の基礎であり、その伝統は、よきにつけ悪《あ》しきにつけ国全体に浸透《しんとう》する。それ故《ゆえ》、婚姻《こんいん》と家庭とは、法の保護を受ける。婚姻と家庭とは、両性が法律的にも社会的にも平等であることは当然であるとの考えに基礎をおき、親の強制ではなく相互《そうご》の合意に基づき、かつ男性の支配ではなく両性の協力に基づくことを、ここに定める。

これらの原理に反する法律は廃止《はいし》され、それに代わって、配偶《はいぐう》者の選択《せんたく》、財産権、相続、住居の選択、離婚《りこん》並びに婚姻および家庭に関するその他の事項《じこう》を、個人の尊厳と両性の本質的平等の見地に立って定める法律が制定されるべきである。

ここで注意しておく必要があるのは、これはあくまでも草案（下書きのような案）である、という点です。この草案を日本政府に渡《わた》して、日本政府が修正を加えていく。さらに、修正された「日本案」をもとにGHQ側と協議を重ね、実際の日本国憲法をつくっていく。そんな流れになっていました。

草案を受けとった日本政府が、どんな対応をとるのか。女性や子どもの権利を認めてくれるのか。ベアテは若干《じゃっかん》の不安を感じながら、日本政府とGHQの会議に通訳として参加しました。

世界にも類を見ない先進的な憲法

1946年3月4日に開催された、日本政府とGHQの憲法草案会議。ここでベアテたちGHQの面々を驚《おどろ》かせたのは、日本政府が草案のかなりの部分に修正を加えてきたことでした。

たとえば、GHQ草案の第1条にあった「国民主権」に関する文言を、日本側は完全に削《けず》ってきていました。全92条(現憲法は全103条)にもわたる草案の、第1条からこの調子では、どれだけ時間がかかるかわかりません。ひとつずつの条文をその場で翻訳し、日本政府とGHQのそれぞれが条文案に込めた意図を説明し、激しい議論を重ねて、合意点を見いだす。気の遠くなるような作業です。

そして会議がはじまって16時間ほど経った深夜、ついに議論はベアテが手がけた女性の権利に及《およ》びました。

日本側の担当者は、ベアテの案に反対します。「日本には女性と男性が同じ権利をもつ土壌《どじょう》がない。日本女性には適さない条文が目立つ」というのです。あくまでも通訳としてその場に参加しているベアテには、反論する権限がありません。彼女の仕事は、お互《たが》いの言い分を正確に通訳すること、それだけです。

ベアテが日本側の主張を伝えると、GHQ側の実質的リーダーだったケーディス大佐《たいさ》がこう言いました。

「この条文は、日本で育って、日本のことをよく知っている、この『シロタさん』が日本女性の立場や気持ちを考えながら、一心不乱に書いたものです。日本にとって悪いことが書かれているはずなどありません。彼女のためにも、これを通してもらえませんか？」

日本側の担当者たちは、いっせいにベアテのほうを見ます。会議のなかに唯一《ゆいいつ》の女性として参加していた彼女の日本語能力、日本に対する理解の深さ、献身《けんしん》的な態度などは、すでに日本側の担当者たちから絶大な信頼《しんらい》を得ていました。

「このシロタさんが書いたのですか。……わかりました、それではこのまま通すことにしましょう」

こうしてベアテがずっと訴《うった》え続けた女性の権利は、現在の日本国憲法のなかに第24条として残されています。

日本国憲法　第24条

一　婚姻は、両性の合意のみに基《もと》づいて成立し、夫婦《ふうふ》が同等の権利を有することを基本として、相互の協力により、維持《いじ》されなければならない。

二　配偶者の選択、財産権、相続、住居の選定、離婚並びに婚姻及び家族に関するその他の事項に関しては、法律は、個人の尊厳と両性の本質的平等に立脚《りっきゃく》して、制定されなければならない。

1946年の時点で、男女平等が憲法に明記されたことは、世界的に見てもかなり異例のことでした。フランス革命による「人権宣言」が有名なフランスでも、男女平等の条項《じょうこう》ができるのは日本と同じ1946年のことです。また、日本と同様に敗戦国となったドイツの場合、3年後の1949年になって男女平等の条項ができました（当時の西ドイツ）。そして、かなり意外なことですがアメリカ合衆国憲法には、いまだに男女平等の条項がありません。1972年

GHQのスタッフたちと。中央奥《おく》がベアテ（写真：ドキュメンタリー工房）

に合衆国議会（連邦議会）で男女平等の修正条項が可決されたものの、州議会での批准《ひじゅん》が得られずに不成立となっています。

もともとベアテが日本に移住したのは、ユダヤ人であったことが大きく影響しています。そして日本で暮らした10年間、彼女はさまざまなかたちでの女性差別を見てきました。さらには自由の国アメリカでさえ、女性だからという理由で『タイム』の記者になることができず、リサーチ・アシスタントの仕事に甘《あま》んじてきました。

そんな22歳の民間人女性が、「たった一行のルール」によって、日本を変え、日本女性の未来を変えたのです。 もしも彼女が「男女平等」を訴える市民活動家としてアクションを起こしても、無視されて終わりだったでしょう。不平不満を訴え、自分の信じる正義を訴えるだけでなく、それを「ルール」としてかたちにすることが大切なのです。

なお、その後ベアテは、アメリカに帰国して日米交流団体の「ジャパン・ソサエティ」で働きはじめます。その後、アジアとアメリカをつなぐ「アジア・ソサエティ」の舞台《ぶたい》芸術部長にも就任し、アメリカに日本やアジアを紹介する仕事にその生涯《しょうがい》を捧げました。

GHQ民政局の上司に言われた「トップ・シークレット」の言葉を守り、両親にさえ自分が憲法の草案づくりに関わったことを語らず、ひたすら沈黙《ちんもく》を守りました。彼女がようやく口を開いたのは、日米両国が公式にGHQ草案のいきさつを認めた、1970年代に入ってからのことでした。

孤児《こじ》院から世界的デザイナーになったシャネル

戦後のあたらしい時代を生きる日本女性のため、男女平等のルールを憲法に書き込んだ、ベアテ・シロタ・ゴードン。

彼女が身をもって示した**「世のなかを変えるには、ルールを変える必要がある」**という話を聞いて、ちょっと疑問を感じた人もいるかもしれません。

ルールを変えるとは、法律を変えること。つまり、「政治家や役人にならないと、世のなかを変えることはできないの？」「一般人には世のなかを変えることはできないの？」という疑問です。

もちろん、ルールは誰にだって変えられます。政治家にならなくても、学者にならなくても、普通《ふつう》に働きながらルールを変えていくことはできます。

そこでもうひとり、20世紀の女性たちに向けて、あたらしいルールを打ち立てた人物を紹介しましょう。

【人物14】

彼女の名は**ココ・シャネル**（人物14）。

女子はもちろん男子でも、「シャネル」という有名ブランドは知っていますよね？

あのブランドの創始者が、ココ・シャネルです。**彼女は、言葉によってではなくファッションを通じて「あたらしい女性像」のルールをつくったデザイナーでした。**いったい彼女は、どんなファッションをつくり、どんな女性像を提案したのでしょう?

世界的な人気を集める高級ファッションブランドの創始者。フランスの社交界からハリウッド女優まで、あらゆるセレブたちを魅了《みりょう》した天才デザイナー。

そんなふうに聞くと、ココ・シャネルのことをさぞかし立派な英才教育を受けた良家の子女なんだろう、と思うかもしれません。

しかし、実際のシャネルはまったく違いました。家柄《いえがら》も、受けた教育も、エリートとは正反対といってかまいません。

1883年、フランスの田舎町《いなかまち》に生まれたココ・シャネル。ちなみに、「ココ」という名前は愛称《あいしょう》で、本名はガブリエル・シャネルといいます。

彼女の母親はブドウ園主の姪《めい》で、父親は村々を渡り歩く行商人でした。子育てにまったく関心のない父親は、家に帰ることはほとんどなく、幼いころのシャネルは母親の女手ひとつで育てられます。

しかし、その母親もシャネルが12歳のときに死去。すると父親は、シャネルとその姉を祖父の家に連れていき、引き取ってほしいと願いました。ところが祖父から怒鳴《どな》り散《ち》らすように追い返され、今度は田舎の孤児院に連れていきました。

わずか12歳、みなさんよりも若い年齢《ねんれい》のうちに父親に捨てられ、祖父からも拒絶《きょぜつ》され、孤児院暮らしがはじまったのです。シャネルはファッション・デザイナーとしての名声を得てからも、孤児院の近くを通りかかったり、「孤児」という言葉を耳にするだけで、涙《なみだ》がこみあげてきたといいます。

そして彼女は自分のほんとうの過去を隠《かく》し、ふたりの叔母《おば》に育てられたとか、父親はブドウ栽培《さいばい》や貿易の仕事をしていたとか、あるいはアメリカに渡って大成功したとか、ありとあらゆるウソをついていきました。しかしこれは、ウソをついたというよりも「自分が生きたかった人生」を語っていたと考えたほうがよさそうです。のちに彼女は、自分の幼少時代について、こんなふうに振り返っています。

「わたしは、わたしの人生をつくり上げたの。なぜなら、わたしの人生が気に入らなかったから」

このため、シャネルがファッション業界で頭角を現すようになるまでの道のりは、謎《なぞ》に包まれた部分が多いといわれています。

17歳になったシャネルは、孤児院を出てムーランという街の修道院に移りました。

もう貧乏《びんぼう》はいやだ。働いて、自立しなきゃいけない。**誰にも頼《たよ》らず、自分の力で生きていきたい。でも、自分にどんな仕事が向いているか、わからない。**

そこで彼女は、夜のカフェバーで歌手の仕事を得ました。歌手といっても、まだまだ見習いで、バックコーラスのような仕事です。そして昼には洋品店で、裁縫《さいほう》の仕事に就きます。裁縫については孤児院で習っていたし、彼女自身ファッションが大好きだったので、ぴったりの仕事でした。

そしてこの洋品店で、エティエンヌ・バルサンという上流階級の騎士《きし》に出会いました。お互いに馬が好きだったこともあり、すぐに意気投合したふたり。バルサンは馬の調教を見るために自分の屋敷《やしき》に来ないかと誘《さそ》います。シャネルは、歌手の仕事も裁縫の仕事も辞《や》めて、バルサンについていきました。彼女にとってバルサンは、薄暗《うすぐら》い檻《おり》から自分を救い出してくれる、救世主だったのです。

ファッションは世界を変える

バルサンの立派な屋敷に住み、働くこともせず、おいしいものを食べ、好きなだけ乗馬に明け暮れる日々。かつてあんなにあこがれた、夢のような上流階級の生活を手に入れたシャネル。しかし、彼女の心を支配していった言葉は、「退屈《たいくつ》」のひと言でした。

とくにシャネルを苛立《いらだ》たせたのは、屋敷に出入りする上流階級の女性たちです。男たちに媚《こ》びを売って、名家に生まれたというだけの理由で偉《えら》そうな顔をして、朝から晩までくだらないおしゃべりをして過ごす女性たち。

彼女たちは、みなコルセットでぎゅうぎゅうにお腹《なか》をしぼり上げ、裾《すそ》を引きずって歩くような長いスカートをはき、頭には大きな羽飾《はねかざ》りや果物のついた帽子《ぼうし》をのせて、バランスの悪い靴《くつ》でよちよちと歩いていました。

シャネルにとって、これらは「男を喜ばせるためのファッション」でしかありませんでした。そもそも、こんなに動きにくい服では、走ることも乗馬をすることもできません。やがてシャネルは自分で服をつくるようになり、とくに彼女のつくる小ぶりな帽子は、屋敷に出入りする女性たちのあいだで大人気になりました。

そしてあるとき、シャネルはバルサンに「自分の帽子店をもちたい」と申し出ます。

バルサンは、それを女性らしい気まぐれだと思いましたが、自分がパリに借りていたアパートの部屋を彼女のために提供します。ファッション・デザイナー、ココ・シャネルが誕生した瞬間《しゅんかん》でした。

シャネルの信条を、もっともよく表すエピソードがあります。

帽子店が軌道《きどう》に乗りはじめたとき、シャネルはバルサンの友人でもある実業家のボーイ・カペルと恋《こい》に落ちます。そしてカペルの援助《えんじょ》を受けたシャネルは、帽子店をパリの大通りに移転します。けれども、彼女は「恋人の援助を受けて生きている」という事実に耐《た》えられませんでした。カペルに「ぼくのこと、愛している？」と聞かれたシャネルは、きっぱりとこう答えたのです。

「それはわたしが独立して、あなたへの借金を返し、ほんとうにあなたと対等になったと思えたときに答えます。あなたの援助が必要なくなったとき、自分があなたをほんとうに愛しているかわかるはずだから」

さらに数年後、久しぶりに再会したバルサンからこんなことを言われました。

「きみは働いているらしいじゃないか。カペルはきみを養うこともできないのか？」

シャネルは、満面の笑《え》みで答えます。

「わたしは誰のものでもない、と言える喜びはすばらしいわね。わたしの主人はわたしで、もう誰も必要としないし、頼ってもいないの」

シャネルは、ファッションを通じてなにを訴えようとしたのか？

もうおわかりでしょう。彼女は「女性の自立」を、そして「自由」を、ファッションに落とし込んでいったのです。

帽子のデザイナーから出発したシャネルは、それまでのファッション界で常識となっていた

ルールを次々に破っていきます。女性のからだをコルセットで縛りつけることをやめ、ゆったりとしたラインの動きやすい服をつくりました。裾を引きずるようなスカートも、膝《ひざ》丈《たけ》にして歩きやすくしました。女性用の服にポケットをつけたのも、シャネルが最初です。ごちゃごちゃとした飾りをいっさい取り払い、シンプルで、無駄《むだ》がなく、着心地《きごこち》のよい服をつくりました。男を喜ばせるためではない、着ている女性自身が喜ぶための服です。

こうしたシャネルの斬新《ざんしん》なファッションは、時代の追い風を受けて瞬《またた》く間《ま》に世界を席《せっ》巻《けん》していきます。

この当時、ちょうど第一次世界大戦が勃発《ぼっぱつ》し、働き盛《ざか》りの男たちはみんな戦争に行って

オペラ座の名ダンサー、
セルジュ・リファールの肩《かた》にのるココ
(@ONLY FRANCE)

しまいました。そのため、女性たちにも働く必要が出てきて、動きやすくてファッショナブルな服が求められるようになったのです。

結果的に、ファッション業界は「シャネル以前」と「シャネル以後」で完全に二分されてしまいます。伝記作家のポール・モランは、19世紀までのファッションを葬《ほうむ》り去《さ》ってしまったシャネルを**「皆殺《みなごろ》しの天使」**と呼びました。かなり過激な言葉に聞こえますが、それくらいの大革命が起こったのだと考えてください。

その後もシャネルは、ジャージー素材を使った動きやすいドレスや、喪服《もふく》にしか使われなかった黒一色のワンピース(リトルブラックドレス)、両手が自由になるショルダーベルトつきのハンドバッグ、そして有名な香水《こうすい》「シャネルの5番」など、次々と革命的なアイテムを発表し、世界じゅうの女性を虜《とりこ》にしました。

第二次世界大戦の影響で一時的に休業するものの、1954年に71歳にしてカムバック。社会進出を果たした女性たちのためのスーツ、「シャネル・スーツ」を発表し、87歳で生涯を閉じるまで、現役《げんえき》デザイナーとして働き続けました。

スイスのローザンヌ地方に設けられたシャネルのお墓は、大きな墓石の代わりに白い花で埋《う》めつくされています。これは生前の彼女が希望したことでした。シャネルは親族にこう伝えていたそうです。

「お願いだから墓石の下に埋めたりしないで。わたしは大きな石の下に横たわるのではなく、自由に動き回りたいの」

独自のファッション哲学《てつがく》で、女性たちをコルセットから解放し、女性たちを自立に導き、自由を与えたココ・シャネル。

彼女はあたらしい洋服をデザインした女性ではありません。

もっと大きな**「あたらしい女性像」をデザインした**、本物のデザイナーでした。

日本国憲法に取り組んだベアテ・シロタ・ゴードンと、ファッション業界に革命を起こしたココ・シャネル。彼女たちは、生まれも育ちも取り組んだ対象も、まったく違います。心優《こころやさ》しい女性だったベアテに対して、シャネルは「獅子《しし》のような」とたとえられるほど激しい女性でした。

それでも、ふたりには大きな共通点があります。

自分が理想とする社会を、具体的に思《おも》い描《えが》いていたこと。そしてみずからの理想を、言葉として、あるいはファッションとして、「かたちにして残した」という点です。

たとえばシャネルは、みずからのブランドについて、こんな言葉を残しています。

「時代が変われば『モード』も変わる。どんな『モード』もいつか遅《おく》れたものになる。だけど、『スタイル』だけは変わらない」

シャネルの語る「スタイル」は、「ルール」と言《い》い換《か》えてもかまいません。彼女は帽子においても、ドレスにおいても、スーツやハンドバッグでも、いつも「女性たちの自由」というルールをかたちにしていきました。世界を変えるルールとは、言葉で書き記されるばかりではないのです。

柔道は、嘉納治五郎の「講道館ルール」によって国際化していきました。

日本における男女平等は、ベアテ・シロタ・ゴードンの日本国憲法第24条によって、定着していきました。

そして20世紀以降の「自由で、自立した、働く女性像」は、ココ・シャネルのファッションによって広がっていきました。

みなさんはこれから、どんな世界を夢見て、どんな理想を掲げるでしょうか。その理想が大《だい》胆《たん》なものであるほど、「ルール」が大切になります。

自分が絶対に守りたいルールはなにか。そのルールをかたちにするには、どんな手段があるのか。ぜひこれからゆっくりと考えていってください。

世界はたった一行のルールで変わるのです。

3時限目まとめ

1 柔道は「スポーツ化」によって国際競技として普及した

2 あたらしい考え方は「ルール」をつくって伝えよう

3 男女平等の原則は、ひとりの女性がルール化させた

4 あたらしい女性像そのものをデザインしたココ・シャネル

5 自分の思いを、目に見える「かたち」にしよう

4時限目

すべての冒《ぼう》険《けん》には「影《かげ》の主役」がいる

勇者は仲間と「パーティー」をつくる

今日の講義では、ずっと「冒険」という言葉を使っています。

日常会話のなかでこの言葉を使う機会は少ないかもしれません。冒険の2文字がいちばん似合うのは、マンガや映画、ゲームなどの主人公たちでしょう。

でも、彼《かれ》ら冒険物語の主人公たちを見ていると、おもしろいことに気づきます。

たとえば、マンガ『ONE PIECE』の主人公ルフィ。あるいは、みなさんがそれぞれ好きな名前をつけて冒険の旅に出る、ロールプレイングゲームの勇者。

彼らのそばには、いつも「仲間」がいますよね？

どんなに強い勇者でも、ひとりで冒険に出ることはありません。戦士、魔法使《まほうつか》い、僧侶《そうりょ》といった個性豊かな仲間たちと「パーティー」を組んで、世界を救う旅に出ます。ロールプレイングゲームは、勇者ひとりでクリアできるほど甘《あま》くはないし、それは現実の世界でも同じです。信頼《しんらい》できる仲間たちと協力して、大きなことを成《な》し遂《と》げる。学校は、そんな仲間を見つける格好の舞台《ぶたい》でもあります。

ただし、仲間たちと「パーティー」を組むには、ひとつ条件があります。

もしもロールプレイングゲームで、戦士だらけのパーティーを組んだとしたら、どうなると思いますか？

戦士といえば、武器をもたせれば誰《だれ》にも負けない、心強い味方です。けれども戦士は、敵を眠《ねむ》らせるような魔法も使えず、体力を回復させる呪文《じゅもん》も使えません。戦士だらけのパーティーでゲームをクリアするのは、かなりむずかしいでしょう。

これはスポーツにたとえると、もっとわかりやすいかもしれません。

サッカーの日本代表は、パスが上手な選手、シュートがうまい選手、守備が得意な選手など、さまざまな個性をもった選手たちが集まって、ひとつの「チーム」になっています。

守備がうまい選手だけを集めても、失点することはないかもしれないけど、得点力は弱くなる。逆に攻撃《こうげき》が得意な選手ばかりを集めても、今度は失点が増えてしまう。足が速い選手、ヘディングの強い選手など、いろんな個性が集まってこそ、チームとしての総合力がアップするのです。

仲間たちとパーティーを組むときには、それぞれの個性をうまく組み合わせる必要がある。勇者から僧侶まで、さまざまな特徴《とくちょう》をもった仲間が集まってこそ、冒険の旅はうまくいく。これはパーティーを組むうえでの大前提だと思ってください。

さて、ここまで話が進むと、もうひとつの問題が浮《う》かび上《あ》がってきます。

個性豊かな仲間たちを集めて、最強のパーティーを組む。勇者、戦士、魔法使い、僧侶など、お互《たが》いの長所がうまく嚙《か》み合《あ》うようなパーティーをつくる。このときに必要となる最初の作業は、**「自分の個性を知ること」**です。

みなさんは、自分だけのすばらしい個性をもっています。

70億以上もの人々が暮らすこの地球に、同じ人間なんてひとりもいません。70億人のすべてに違《ちが》った人生があり、違った個性があり、違った未来があります。もしかしたらみなさんは「自分なんかなんの個性もない、平凡《へいぼん》な人間だ」と思うかもしれませんが、それは大間違《まちが》い。

みなさんは全員が「70億分の1の個性」をもった、かけがえのない人間なのです。

パーティーの先頭に立ってがんばる、勇者タイプの人。体力には自信のある、戦士タイプの人。手先が器用で芸術的なセンスのある、魔法使いタイプの人。あるいは、仲間を助けることに生きがいを感じる、僧侶タイプの人。

これまで紹介《しょうかい》してきた変革者たちは、みんな最強の「勇者」に見えたかもしれません。そして彼らのすごさを知れば知るほど、「自分にはとてもできない」と怖《お》じ気《け》づいたかもしれません。

でも、勇者以外のプレイヤーが「脇役《わきやく》」なのかといえば、それは違います。

戦士も魔法使いも僧侶も、みんな「自分の人生」の主人公です。彼らから見れば、勇者のほうこそ脇役のひとりにすぎません。

もし、自分は勇者のタイプじゃないと思ったら、先頭に立ってなにかをやる人間じゃないと思ったら、パーティーのなかで別の主人公を演じましょう。

それは脇役としての人生ではありません。自分の個性をいかす道がそこにある、というだけの話です。

過去の変革者たちの背後には、いつも彼らを支えてきた「影の主役」というべき仲間たちの存在がありました。 表に出て称賛《しょうさん》される主人公の陰《かげ》には、誰の目にも映らない「もうひとりの主人公」たちがいました。

この4時限目では、そんな変革者と「影の主役」たちの関係を紹介していきます。

星を見上げる男、伊能忠敬《いのうただたか》

日本の歴史において、もっとも「変革者」として語られることが多いのは、戦国武将の織田《おだ》信長《のぶなが》かもしれません。

うつけ者と呼ばれていた少年時代、今川義元《いまがわよしもと》の大軍を打ち破った桶狭間《おけはざま》の戦い、大量の鉄砲《てっぽう》隊を導入して武田勝頼《たけだかつより》の騎馬《きば》軍を打ち破った長篠《ながしの》の戦い、そして重臣・明智光秀《あけちみつひで》の謀反《むほん》によって散った本能寺の変。とくに彼が桶狭間の戦いに際して舞《ま》った『敦盛《あつもり》』の「人間五十年〜」という謡《うたい》は有名です。

でも、これからお話ししたいのは織田信長の人生ではありません。「人間五十年」といわれた時代に、数え年の50歳《さい》になってから「もうひとつの人生」を生きた人物を紹介したいと思います。みなさんも教科書で習ったはずの偉人《いじん》、**伊能忠敬**（人物15）です。

伊能忠敬と聞いて、みなさんはどんな人物をイメージしますか？

日本ではじめて日本地図をつくった男。こつこつと日本じゅうを歩いて測量を続けた努力の人。もう少し日本史に詳《くわ》しければ、50歳を超《こ》えて自分の夢を実現した「中高年の星」といったイメージもあるかもしれません。

たしかに伊能忠敬は、日本ではじめて本格的な日本地図をつくった人物です。日本じゅうを歩いて測量したのもほんとうです。40代までは商売に精を出し、50代から日本地図作成のプロジェクトに乗り出したのも、事実です。

ただし、日本地図をつくることが彼の「夢」だったかというと、それは違います。

彼の夢は、もっと別のところにありました。

伊能忠敬は足元を見つめる「地理の人」ではありませんでした。満天の星空を見上げる「天文学の人」だったのです。

【人物15】

1745年、江戸《えど》時代のちょうど真ん中くらいのころ、現在の千葉県九十九里《くじゅうくり》町に、小《こ》関《せき》家の次男として忠敬（幼名・三治郎《さんじろう》）は生まれました。

6歳のときに母が亡《な》くなり、不幸な少年時代を過ごしたともいわれていますが、当時のことを詳しく知る資料はほとんど残されていません。

忠敬に大きな転機が訪《おとず》れたのは、彼が17歳のとき。有力な商人として名高かった伊能家に、婿《むこ》入《い》りすることになったのです。いまの感覚からすると、かなり若い結婚《けっこん》のようにも思えますが、たとえば織田信長が結婚したのはみなさんと同じ14歳。そう考えると、忠敬が特別若かったわけではないでしょう。なお、この結婚によって彼は「三治郎」の幼名を捨て、伊能忠敬を名乗るようになりました。

酒造業、運送業、さらには金融《きんゆう》業まで営んでいた伊能家で、忠敬は商人としての力量を存分に発揮し、数え年の50歳で引退するまで懸命《けんめい》に働きました。忠敬が引退したとき、伊能家の資産は現在の価値にして45億円程度にまで膨《ふく》れあがっていたといいます。

商人として大成功して、家業も息子《むすこ》に継《つ》がせ、引退して悠々自適《ゆうゆうじてき》の生活に入る。普通《ふつう》であれば、そんな「隠居《いんきょ》生活」を考えるでしょう。

しかし、忠敬は違いました。**彼は、ようやく自由の身になったとばかりに江戸へ出ると、50歳にして学問の道を志すのです。**当時「星学《せいがく》」や「暦学《れきがく》」と呼ばれていた天文学を。

日本地図をつくったほんとうの理由

その後の伊能忠敬を語る前に、当時の天文学について簡単に触《ふ》れておきましょう。

きっと「江戸時代の日本に、天文学なんてあったの？」と驚《おどろ》いている人も多いはずです。江戸時代にだって、天文学はありました。しかも、幕府が抱《かか》える天文学専門の研究機関がありました。「天文方《てんもんかた》」と呼ばれ、東京大学の源流のひとつとなった研究機関です。

どうして幕府が天文学を研究する必要があったのか？

暦《こよみ》、すなわちカレンダーをつくるためです。

もともと日本では、平安時代に中国からもち込《こ》まれた「宣明暦《せんみょうれき》」という暦を使っていました。しかし、徳川五代将軍綱吉《つなよし》の時代になると、この暦のズレが問題になってきます。平安時代からの800年で、およそ2日分のズレが生じていたのです。

幕府はあわてます。当時の日本は完全な農業国。これ以上暦がズレてしまうと、田植えや収穫《しゅうかく》にも乱れが生じ、大飢饉《だいききん》を招きかねません。

そこで「天文方」という天体観測と暦づくりをおこなう研究機関を設置して、純国産の暦（貞享暦《じょうきょうれき》）を採用するのですが、これもうまくいきません。鎖国《さこく》していた日本には、知識を学ぶ相手が中国しかいなかったため、なかなかヨーロッパの最新の天文知識が入ってこなかったのです。

この状況《じょうきょう》に大きな危機感を抱《いだ》いたのが、八代将軍吉宗《よしむね》でした。彼はキリスト教関連以外の本の輸入を解禁して、ヨーロッパから積極的に学ぶよう指示を出しました。

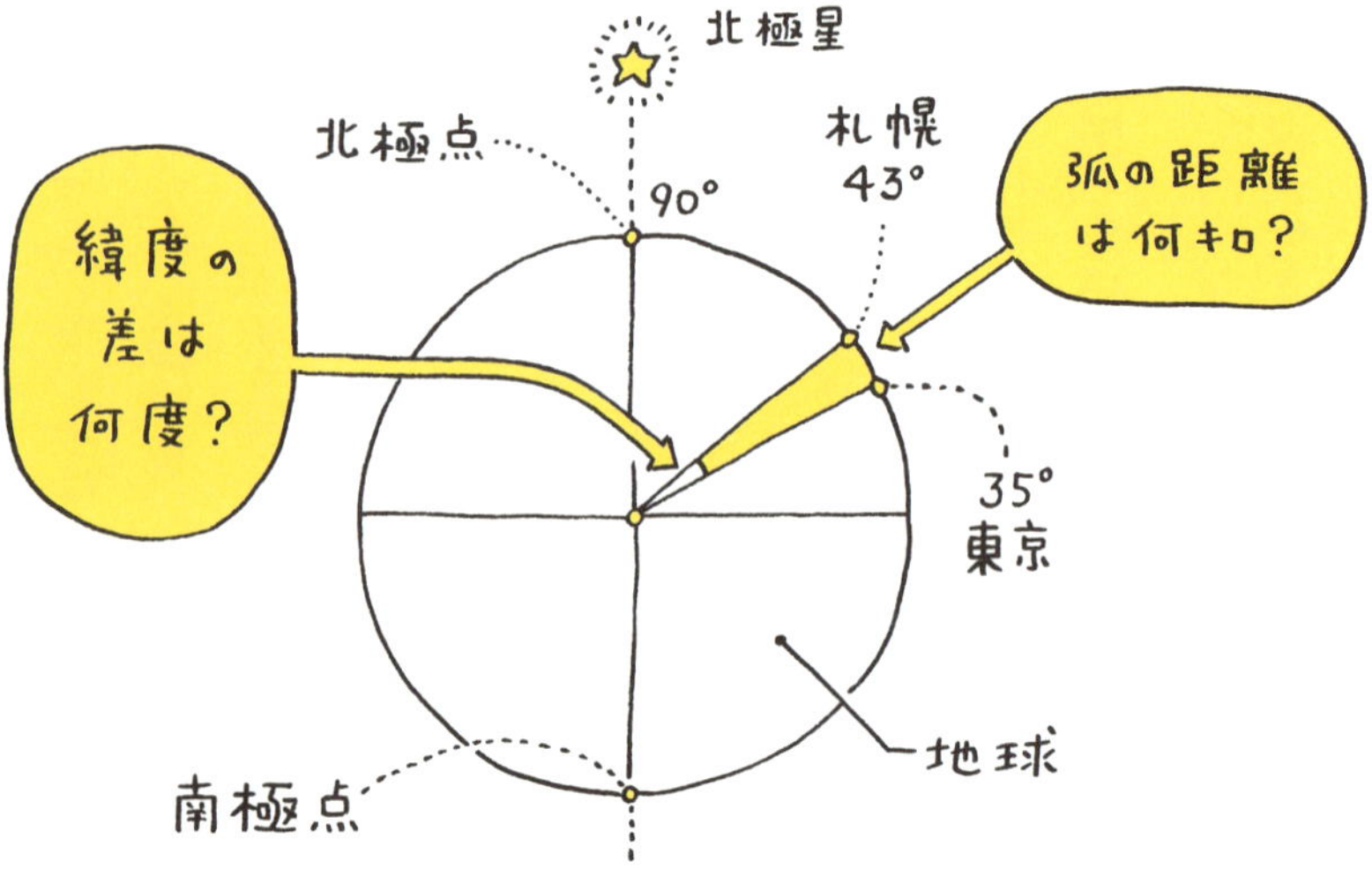

伊能忠敬が天文学に関心を抱いた理由としては、こんな時代背景があったのです。

意外かもしれませんが、当時の忠敬は海外の書物を通じて、コペルニクス、ケプラー、ニュートンらの存在も知っていました。

江戸へと出ていった50歳の忠敬は、19歳も年下の天文方・高橋至時《たかはしよしとき》に弟子《でし》入りします。のちに忠敬を、「影の主役」、つまり「もうひとりの主人公」となって支えることになる人物です。

栄華《えいが》を極《きわ》めた大商人が、学問を極めるため、自分の子どもより若い学者に弟子入りした。忠敬にとっての天文学が「年寄りの道楽」などでないことは、この時点で明らかでした。

こうして高橋至時の下、天文学を学んでいった忠敬に、ひとつの目標がもち上がります。

「この地球の、正確な大きさを知りたい」

という、あまりに壮大《そうだい》な野望です。

いったいどうやって地球の大きさを求めるのか、わかりますか？　まさか、メジャー片手にぐるりと地球一周するわけにはいきません。ところが、天文学と数学の知識があれば、簡単にわかるのです。

目印にするのは北極星《ほっきょくせい》。

東京にいる人が星空を眺《なが》めて、北極星を探す。すると、およそ35度くらいの高度に北極星が輝《かがや》いています。そしてこのままぐんぐん北に進んで、札幌《さっぽろ》まで行くと、北極星は43度くらいの高度になる。東京で見るときよりも、高いところに北極星が上っている。さらにここから北極点まで北進していくと90度、つまり頭の真上に北極星が見えるようになるわけです。

ここでの北極星が見える角度は、「緯度《いど》」とほぼ一致《いっち》しています。東京なら北緯《ほくい》35度。札幌は北緯43度。北極点は北緯90度、というわけですね。

そしてここからは数学の問題。仮に、東京から札幌までの距離《きょり》（直線距離ではなく、北に進んだ距離）が、１０００キロメートルだったとしましょう。そして緯度の差は8度。こうすれば、緯度1度あたりの弧《こ》の距離が１０００÷8で、１２５キロメートルだとわかります。そして地球は球体なので、この数字を360倍すれば、地球の外周（子午線）が求められる、というわけです。

当初、忠敬はこれを江戸の自宅と勤務先の距離を測ることで算出しようとしました。

ところが、師匠《ししょう》の高橋至時は忠敬の甘い考えにダメ出しします。

そんな短い距離で測っても誤差が出るに決まっている。もし本気で計算したいなら、江戸から蝦夷地《えぞち》（北海道《ほっかいどう》）くらいの距離を測らないと、正確な数字は出てこない。お前はそんなこともわからないのか、と厳しく叱《しか》りつけました。

たしかにそのとおりだと納得《なっとく》した忠敬の情熱は、ますます高ぶります。どうしても蝦夷地まで行って、地球の大きさを算出したくなったのです。

しかし、いまの日本と違って当時は全国それぞれの藩《はん》が、国のように独立していた時代。通行手形（パスポート）がないと自由に行き来できないし、なんらかのかたちで幕府から許可をもらう必要があります。そして幕府に「地球の大きさを知りたいから、許可をください」とお願いしたところで、却下《きゃっか》されるのは目に見えていました。

忠敬の夢はかなえてあげたい。

自分自身も、地球の大きさ（子午線の長さ）は知りたい。

そこで高橋が考えついたアイデアが、**「蝦夷地の地図をつくること」**だったのです。

至時《よしとき》と忠敬、最強のふたりによる最高の冒険

忠敬が正確な地球の大きさを算出することは、高橋至時にとってもありがたい話でした。子午線の長さがわかれば、より正確な暦をつくれるようになる。高橋は1797年に「寛政《かんせい》の改《かい》暦《れき》」と呼ばれる、あたらしい暦の作成を成し遂げたばかりでしたが、その出来には不満をもっていました。1802年に日食が起こったとき、自分の暦に15分のズレがあることが判明し、高橋は大いに悔《くや》しがったといいます。

一方そのころ幕府はたいへんな問題を抱えていました。諸外国から蝦夷地を守ることです。当時、蝦夷地にはロシアの南下政策によって、根室《ねむろ》港にロシア特使が入港して通商を求めたり、北方領土《ほっぽうりょうど》の択捉島《えとろふとう》にロシア人が勝手に上陸したりする事件が相次いでいました。さらには、イギリスの艦船《かんせん》が津軽海峡《つがるかいきょう》を横断する事件まで発生します。ペリーの黒船来航からさかのぼること50年以上も前。蝦夷地は、諸外国がもっとも注目する日本攻略《こうりゃく》の入り口となっていたのです。

そこで忠敬と高橋至時は、幕府に「蝦夷地を測量して、正確な地図をつくるべきだ」と訴《うった》えます。蝦夷地をロシアから守りたければ、まずは正確な地図をつくらなければならない。天文学の知識を兼《か》ね備《そな》えた伊能忠敬に、その仕事をまかせてほしい、と。

高橋・忠敬コンビと幕府との交渉《こうしょう》は難航しましたが、どうにか「測量機器は自費でまかなうこと」と「幕府は20両の資金しか出さないこと」を条件に、幕府公認《こうにん》の測量者となったのです。

このとき、忠敬は数え年の56歳。

商人時代に蓄《たくわ》えた私財をなげうって測量隊を結成し、蝦夷地をめざしました。

旅の道中、忠敬の測量隊は「御用《ごよう》　測量方」と書かれた旗を掲《かか》げていました。これは「幕府の依頼《いらい》を受けた、正規の測量である」という印です。いわば、ドラマ『水戸黄門《みとこうもん》』の印籠《いんろう》のようなものですね。この「幕府のお墨《すみ》つき」としての旗がある限り、諸国の大名たちも忠敬の測量に協力せざるをえなかったのです。

さて、ここで問題です。

忠敬は、地球の大きさを知ることができたのでしょうか？

そして忠敬は、蝦夷地の正確な地図をつくることができたのでしょうか？

まず、地図のほうからいうと、大成功でした。

実直で几帳面《きちょうめん》な性格だった忠敬は、あらゆる測量地点で何度も測量をおこない、その平均値をデータとして採用します。さらに彼の性格を示すのが、天候や自然条件などの理由からうまく測量できなかった場所について、いい加減な地図を描《えが》くのではなく、正直に「不測量」と記していったことです。

こうして完成した精密な地図に、幕府の上層部は大いに驚き、忠敬に全国各地をめぐって地図を作成するよう命じます。「この男にまかせれば、完璧《かんぺき》な地図ができる」と、ようやく認めたんですね。忠敬の日本地図づくりは、こうしてはじまりました。

それでは、肝心《かんじん》の「地球の大きさ」はどうだったのでしょうか？

江戸から蝦夷地にかけての綿密な測量の結果、忠敬は緯度1度の距離を28・2里だと算出しました。これはメートルに換算《かんさん》すると約110・7キロメートルという距離です。忠敬が自信をもってこの数字を高橋に報告すると、自分でも独自に計算していた高橋は「そんなに長いものかな。わたしは27・5里くらいだと思うのだが」と疑います。たしかに、当時の日本では忠敬の数字を証明する手立てがなかったのです。

しかし、高橋がフランスの天文学者ジェローム・ラランデによる、当時世界最高峰《さいこうほう》とされた天文書『ラランデ暦書』（オランダ語版）を翻訳《ほんやく》したところ、緯度1度の距離がぴったり28・2里であることがわかりました。

現在の最新科学でも、緯度1度の長さは約110・996キロメートル。忠敬の算出した数字は、わずか誤差0・2パーセントなのですから驚くほかありません。

ただし、もともとオランダ語が得意でなく、そのうえ結核《けっかく》を患《わずら》っていた高橋には、『ラランデ暦書』の翻訳は命がけの一大事でした。忠敬の測量が正しかったことがわかり、師弟《してい》そろって大喜びしてからほどなく、高橋は41歳の若さでこの世を去ります。忠敬に夢を託《たく》し、自らの命と引《ひ》き替《か》えに、世界最高峰の天文書を残していったのです。

伊能忠敬にとって、本来の「目的」は地球の大きさを知ることでした。そして地球の大きさを知る「手段」として、彼は高橋のサポートを取りつけ、蝦夷地の測量と地図づくりを申し出ました。

一方、高橋にとっての「目的」は、より正確な暦をつくることでした。それをかなえる「手段」として、彼は忠敬の蝦夷地行きを提案し、支援《しえん》し、幕府にいろいろと働きかけました。結核を患っていた高橋は、測量の旅に出ることができなかったからです。

ふたりはそれぞれ異なる思惑《おもわく》を抱えながら、「目的」の一致点を見つけ、「手段」としての蝦夷地の測量を実現させたのです。関係としては師弟でしたが、このプロジェクトに関しては、最高の「仲間」だったといっていいでしょう。

忠敬の遺志を継いだ弟子たち

幕府の役人たちも驚くような、正確この上ない蝦夷地図をつくった伊能忠敬。

その後の、測量隊を引き連れた全国行脚《あんぎゃ》、そして最終的な日本地図「大日本沿海輿地全図《だいにほんえんかいよちぜんず》」(通称《つうしょう》「伊能図」)の作成も、彼のまじめな性格がよく表れていました。

忠敬の測量がいかに正確なものであったのかを示すエピソードを紹介しましょう。

江戸時代の当時、田畑の開発などで距離を測るときには「間縄《けんなわ》」という縄を使うことが一般《いっぱん》的でした。1間(約1・8メートル)ごとに印のついた、いまでいうメジャーのような道具です。

しかし忠敬は、間縄よりも「鉄鎖《てっさ》」という鉄の棒を組み合わせた鎖《くさり》を使って測量することを好みました。測量隊の隊員たちからすれば、軽くてもち運びやすい間縄のほうが便利です。いったいなぜ、重たくて不便な鉄鎖を使うのか聞かれた忠敬は、こう答えました。

「麻《あさ》でできた縄は、雨に濡《ぬ》れると伸《の》びてしまう。鉄ならば伸《の》び縮《ちぢ》みしないではないか」

すでに「地球の大きさを知りたい」という夢をかなえてしまったにもかかわらず、忠敬は自分に与《あた》えられた大役を誠実にこなしていきました。

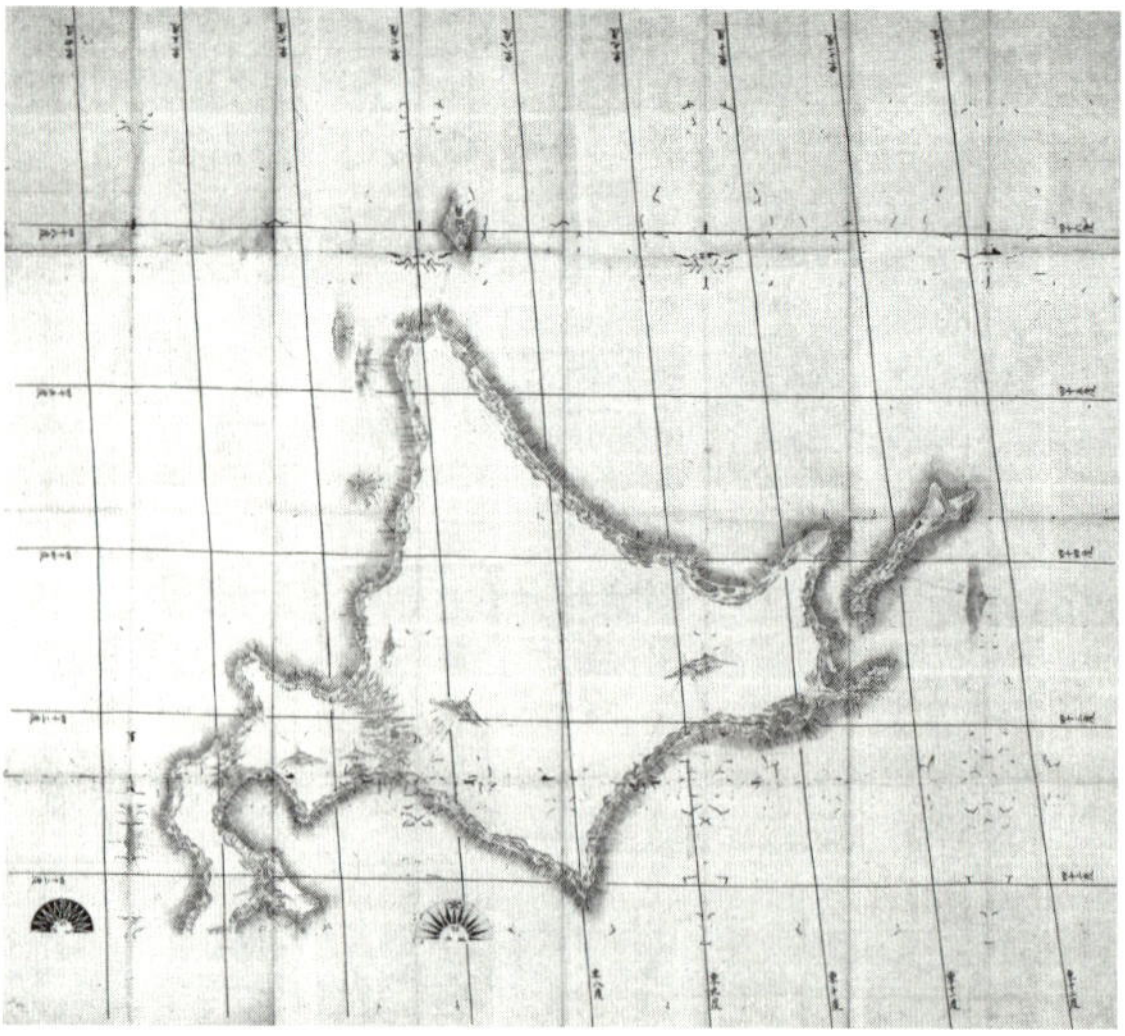

実測輿地全図松前蝦夷。伊能忠敬が測量した南岸に加えて、忠敬に師事した間《ま》宮《みや》林《りん》蔵《ぞう》らがその後、北岸を測量し、全図を完成させた
（写真：神戸市立博物館所蔵 Kobe City Museum/DNPartcom）

そして忠敬は、測量隊の隊員にも厳しい規律を求めました。

当初、測量隊のなかには息子の秀《しゅう》蔵《ぞう》も参加していたのですが、道中での素行の悪さから江戸に追い返し、その後勘当《かんどう》（親子の縁《えん》を切ること）しています。また、忠敬の右腕《みぎうで》といわれた平山郡蔵《ひらやまぐんぞう》という内弟子も、宿屋の食事に文句をつけたことなどを理由に破門しています。怒《いか》りにまかせて勘当したり破門したわけではありません。測量隊を率いての大事業を成し遂げるには、それだけ厳しいルールが必要だったのです。

忠敬の全国測量は、蝦夷地を訪れた第1次測量から江戸府内を回った第10次測量まで、全10回、足かけ17年にも及《およ》びました。高齢《こうれい》であった忠敬は、第9次と第10次の測量には参加できませんでしたが、忠敬の課した決まりをしっかりと守り、隊員たちは完璧な測量をおこなって帰ってきました。

こうして全国の測量データが揃《そろ》い、壮大な「大日本沿海輿地全図」を作成している途中《とちゅう》で、忠敬は74歳の生涯《しょうがい》を閉じます。それでも忠敬の死を隠《かく》し通《とお》したまま、弟子たちは「大日本沿海輿地全図」を完成させ、伊能忠敬の名で幕府に上呈《じょうてい》しました。

忠敬は、天文学者として天才だったわけではありません。むしろ天文学者としての才能は、師匠の高橋至時のほうにありました。しかし忠敬は、とにかくまじめで、謙虚《けんきょ》で、自分に厳しい、努力の人でした。測量隊に参加した弟子たちは、そんな忠敬の背中を見て育ち、忠敬を尊敬していました。

なお、**忠敬のお墓は彼の遺言《ゆいごん》に従い、師・高橋至時の墓の隣《となり》に立てられました。**

ともに「地球の大きさを知ること」に情熱を傾《かたむ》け、蝦夷地測量の事業を企《くわだ》てた師弟は、いまも寄《よ》り添《そ》うようにして眠っています。

「鉄の女」と呼ばれた女性リーダー

みなさんも英語の授業で習ったと思いますが、英語では独身の女性を「ミス」と呼び、結婚した女性を「ミセス」と呼びます。男性は独身でも既婚《きこん》でも「ミスター」なのに、女性だけこんな分け方をするのはおかしいですよね。

そこで1960~70年代にかけて、女性全般《ぜんぱん》のあたらしい敬称《けいしょう》として「ミズ」という言葉を使おう、という動きが出てきました。

【人物16】

そしてこのころ、あるイギリス人女性がこんな質問を受けました。

「あなたは結婚していますが、ミセスと呼ばれることとミズと呼ばれること、どちらを望みますか?」

彼女《かのじょ》は毅然《きぜん》とした表情で答えました。

「どちらも必要ありません。わたしの名前はマーガレット・サッチャー、それだけです」

1979年5月、イギリスではじめての女性首相《しゅしょう》となった、**マーガレット・サッチャー**（人物16）の言葉です。この言葉からもわかるように、彼女は威厳《いげん》あふれる政治家でした。首相就任後は強力なリーダーシップでイギリス経済を立て直し、アルゼンチンとのあいだに領有権争いが起これればためらうことなく武力攻撃（フォークランド紛争《ふんそう》）に乗り出し、世界じゅうの人々から「鉄の女」として尊敬され、それと同じくらい恐《おそ》れられていました。

しかし、サッチャーは世間の評判などほとんど気にしていなかったようです。

首相になる以前、彼女は日本でいう文部科学大臣に就《つ》いていました。そして教育予算の関係から、学校給食での牛乳の無料配付を停止する、という決定を下します。牛乳を配る予算があるなら、古くなった校舎を建て直したり、無料保育園を新設するほうがいい、というのが彼女の見解でした。

これに対して野党とマスコミ、そして国民は猛反対《もうはんたい》します。サッチャーは「牛乳泥棒《どろぼう》」と呼ばれ、新聞には「イギリスでもっとも人気のない女」という見出しが躍《おど》りました。それでもサッチャーは信念を曲げませんでした。

「わたしは人気のために政治をやっているのではありません。正しいかどうかが問題なのです」

まさに「鉄の女」にふさわしい発言ですね。このため彼女は、誰の力も借りることなく、自分ひとりの意志と力で首相の座に上《のぼ》り詰《つ》めたと思われがちです。しかし、彼女にもまた、知られざる「影の主役」がいたのです。

サッチャーが生涯にわたって尊敬し続けてきた父アルフレッドは、彼女が幼いころからいつもこう言い聞かせていました。

「いいかい、マーガレット。『ほかの人がやっているから』というだけの理由で、なにかを決めてはならない。なにをするかは自分で決めなさい。そして、自分の決断についてきてくれるよう、まわりの人間を説得しなさい」

1925年、イギリスの中東部リンカンシャー州グランサムに生まれたマーガレット・サッチャー。父親は食料品店を営む敬虔《けいけん》なキリスト教徒で、母親は店の手伝いと子育てに追われる、ごく普通の家庭でした。

その後政治家に転身し、市長にまで上り詰めた父のことを尊敬していたサッチャーは、父が仲間たちと交《か》わす政治談義に耳を傾けることが大好きでした。父アルフレッドは、子どもながら大人たちの会話に首を突《つ》っ込《こ》んでくるサッチャーに、「子どものくせに」とか「女のくせに」といったことを、いっさい言わない人だったといいます。

そして1943年、オックスフォード大学に進んだサッチャーは、弁論部に入ろうとしました。政治に関心のある学生は、弁論部に入ることが一般的だったからです。

ところが当時の弁論部では、女性の入部を認めていませんでした。ついでにいうと、彼女が大学卒業後に就職した化学メーカーでは、女性社員の初任給は男性社員よりも1割以上少なく設定されていました。サッチャーという女性が、こうした男女差別があたりまえにおこなわれていた時代に政治家を志し、首相にまで上り詰めたこと。これは、頭に入れておいたほうがいいでしょう。

さて、話は大学時代に戻《もど》ります。弁論部に入ることを断られたサッチャーは、イギリスの政党「保守党」の学生支部である、「オックスフォード学生保守協会」というグループに入りました。ここで政治についてより深く学び、弁論の腕を磨《みが》いていくことにしたのです。両親とも保守党の支持者でしたし、なによりもサッチャーは保守党のリーダーであるチャーチル首相を尊敬していました。保守党の下部組織に入ることは、とても自然な流れだったのです。

このグループでめきめきと頭角を現した彼女は、オックスフォード学生保守協会の会長に選出されるまでになりました。学生としての政治活動に十分な手応えを感じていたサッチャーですが、そろそろ卒業の季節です。卒業後の進路を考えなければなりません。

もともと彼女は、これからの時代は女性も社会に出て働くべきだと思っていました。そして今後の有望分野として化学を選び、卒業後は化学の研究者になることを、早くから決めていました。政治には高い関心をもっているし、今後も保守党を応援していきたいけど、そういう活動と就職は別。わたしは自立した人間として、化学で生計を立てていくのだ。そのためにオックスフォードで学んだのだ。彼女は心からそう思っていましたし、自分が政治家になるなど考えてもいませんでした。

ところがある日、ダンスパーティーに出席したサッチャーは、男友だちと雑談していたときのこと。雑談とはいえ、彼女の関心は政治です。熱っぽく、今後のイギリス政治や保守党の未来について語っていました。すると、ひとりの男友だちがこう言ったのです。

「マーガレット、きみがほんとうに望んでいるのは国会議員になることだろう。そうじゃないのかい?」

虚《きょ》をつかれたサッチャーはその言葉に驚きましたが、思わず発した自分の返事にはもっと驚きました。

「そうよ! それがほんとうにわたしのやりたいことなの!」

これまで彼女は、心のなかでも、ひとり言でさえも、そんな希望を口にしたことはありませんでした。しかし、興奮したまま帰宅してベッドに入るとき、彼女は自分のなかにとてつもなく大きな野望が燃えていることを知ったのです。

「そういうきみだから結婚したいと思ったんだ」

国会議員になって、政治を変えたい。

このサッチャーの願いに対し、最初のチャンスが訪れたのは1950年のことでした。保守党にとって厳しい選挙戦が予想されるケント州ダートフォードの選挙区で、候補者選びが難航していたとき、24歳のサッチャーに白羽の矢が立てられたのです。このとき、サッチャーはこんなアドバイスを受けました。

「選挙中は自分を目立たせるために、特別な服装をしたほうがよい」

このアドバイスを真剣《しんけん》に受け止めたサッチャーは、オーダーメイドの黒スーツを新調し、女性らしいリボンのついた帽子《ぼうし》をかぶることにしました。

総選挙の候補者中、もっとも若く、しかも女性だったサッチャー。彼女はそれだけで目立ちましたし、イギリス国内はおろか、西ドイツの新聞でも「チャーミングな若い婦人」と紹介されたほどです。のちにサッチャーは「こんな言葉で紹介されたのは、これが最後だった」と笑っています。

結婚式を挙げたサッチャーと夫のデニス

©Douglas Miller/Getty Images

しかし、現実は甘くありません。労働者が多い工業地帯のダートフォードでは「チャーミングな若い婦人」など求められておらず、彼女は落選してしまいます。

さらに、翌51年におこなわれた総選挙で、サッチャーは再びダートフォードで立候補しますが、ここでも落選。ただし、彼女はこの選挙を通じて**生涯最高ともいえるパートナー**を得ます。

のちに夫となる実業家のデニスです。

保守党の支援者だった彼は、サッチャーを応援するパーティーの席で彼女と出会いました。知的で、教養があり、サッチャーの政治姿勢にも強い共感を寄せてくれるデニスに、彼女は少しずつ心を引かれていきます。

そしてある日、デニスはサッチャーにプロポーズします。

それまで政治に夢中になるあまり、結婚をまじめに考えたことがなかったサッチャーは大いに戸惑《とまど》いました。しかも当時は、結婚した女性は（よほど経済的に困窮《こんきゅう》していない限り）家庭に入ることが当然で、家庭と仕事を両立するなど、考えられなかった時代です。

悩《なや》みに悩んだサッチャーは言いました。

「わたしは夫に寄り添うしおらしい妻にはなれそうもないわ。家事や子育てよりも、一度しかない自分の人生をどう生きるかが大切だと思っているから。それでもよかったら、答えは『イエス』よ」

デニスは「そういうきみだから結婚したいと思ったんだ」と喜びました。当時はまだまだ「男が働き、女が支える」ことがあたりまえとされていた時代です。デニスは、そのまったく逆の役回りを引き受けた、かなり先進的な男性でした。

この日から、デニスはつねにサッチャーの夢を支える人間として、そばに寄り添ってくれることになりました。自伝のなかでサッチャーは「あのときの『イエス』は、わたしが下した決断のなかで最上のものだった」と振《ふ》り返《かえ》っています。

もちろんデニスは、世間から笑われることもありました。

立派な実業家でもあるのに、どこに行っても「マーガレットの夫」と呼ばれる。奥《おく》さんばかりが注目され、自分はバカにされる。情けない夫として、愚《おろ》かな夫として、笑いものにされました。けれどもデニスは、そうした批判もすべて飲み込みます。

実際にはサッチャーに政治的な助言をおこない、サッチャーもデニスの意見を頼《たよ》りにしていたにもかかわらず、**彼は「強いマーガレットの横にいる、弱い夫」を演じ続けました。**そのほうが政治家サッチャーは強く見えるし、サッチャーの夢をかなえることにもつながる。そして彼女の夢はデニスの夢でもあったからです。

テーマ曲は『ハロー、マギー』

こうして最愛の夫デニスと結婚し、赤ちゃんを身ごもったサッチャーは、政治活動から離《はな》れざるをえなくなりました。

しかし彼女は双子《ふたご》の赤ちゃんを出産した1週間後から、次なる目標に向けて動き出します。政治活動ができない子育て期間中、法律の勉強をして弁護士になろう。弁護士としての知識と経験は、きっと政治家としての自分に役立つはずだ。なんと彼女は、出産から4ヵ月後に控《ひか》えていた弁護士試験を受けると言いはじめたのです。

サッチャーは、デニスに対して、自分の希望を正直に伝えました。母親業や主婦業は立派な仕事だと思っていること。でも、それが自分の天職だとは思わないこと。自分は政治的な場所でキャリアを積んでいきたいと思っていること。そして、ここで自分を追い込まなければ、もう二度と働ける気がしないこと。

当然デニスは、この決心を全面的に応援します。サッチャーは、育児のかたわら猛勉強に励み、みごとに弁護士試験に合格したのです。弁護士として法律の知識を身につけたこと、さらには法廷《ほうてい》の現場で弁論の技術を磨いていったこと。これはのちの政治家サッチャーを支える、大きな武器になりました。

そして弁護士として活躍《かつやく》したのちの1959年、サッチャーは満を持して総選挙に立候補します。今度の選挙区は工業地帯のダートフォードではなく、保守党が強いとされるロンドン北部の町、フィンチリー。もはや「チャーミングな若い婦人」ではなく、舌鋒《ぜっぽう》鋭《するど》い敏腕《びんわん》弁護士としての立候補です。彼女は3度目の挑戦《ちょうせん》にして、ようやく初当選を果たしました。

冒頭《ぼうとう》で、サッチャーが「わたしはミセスでもミズでもない、マーガレット・サッチャーだ」と語った話を紹介しましたね。世間のイメージとは違い、彼女にはあまり「自分は女性の代表なのだ」という意識はありませんでした。

というのも、この初当選に至るまでのあいだに、サッチャーは女性の社会進出についてかなり絶望的な気持ちに襲《おそ》われていたのです。

「女性が国会議員になるべきではない」

「子をもつ母親なら家庭に入るべきだ」

そんな偏見《へんけん》をもち、彼女の足を引っぱり続けたのは、頭の固い男性たちではありませんでした。むしろ、女性有権者たちのほうが、サッチャーの足を引っぱり続けたのです。**みなさんが世界を変える冒険に出るときも、敵は前方にいるとは限りません。ときには後ろから矢が飛んでくることもある。**これは頭に入れておいたほうがいいでしょう。

さて、こうして国会議員を務めた16年後、サッチャーにあらたなチャンスが訪れます。

みずからが所属する保守党の、党首候補となったのです。当時の保守党は野党に転落していたものの、その党首といえば将来の首相候補。イギリスの長い歴史のなかで女性首相なんてひとりもいませんし、アメリカにもヨーロッパにもいません。

ここでサッチャーは最強のチームを結成し、大きなイメージ戦略に乗り出します。

弁護士時代に鍛《きた》えた法律の知識とディベート術で、演説には自信をもっていた彼女ですが、まず政治新聞の編集長でもあった同僚《どうりょう》議員のジョージ・ガーディナーに、演説原稿《げんこう》の作成を手伝ってもらうことにしました。

そして長年サッチャーのトレードマークとなっていたリボンつきの帽子をやめ、栗色《くりいろ》の髪《かみ》の毛《け》をブロンドに染め上げました。さらには、専門家のアドバイスを受けながら肉と卵を主食と

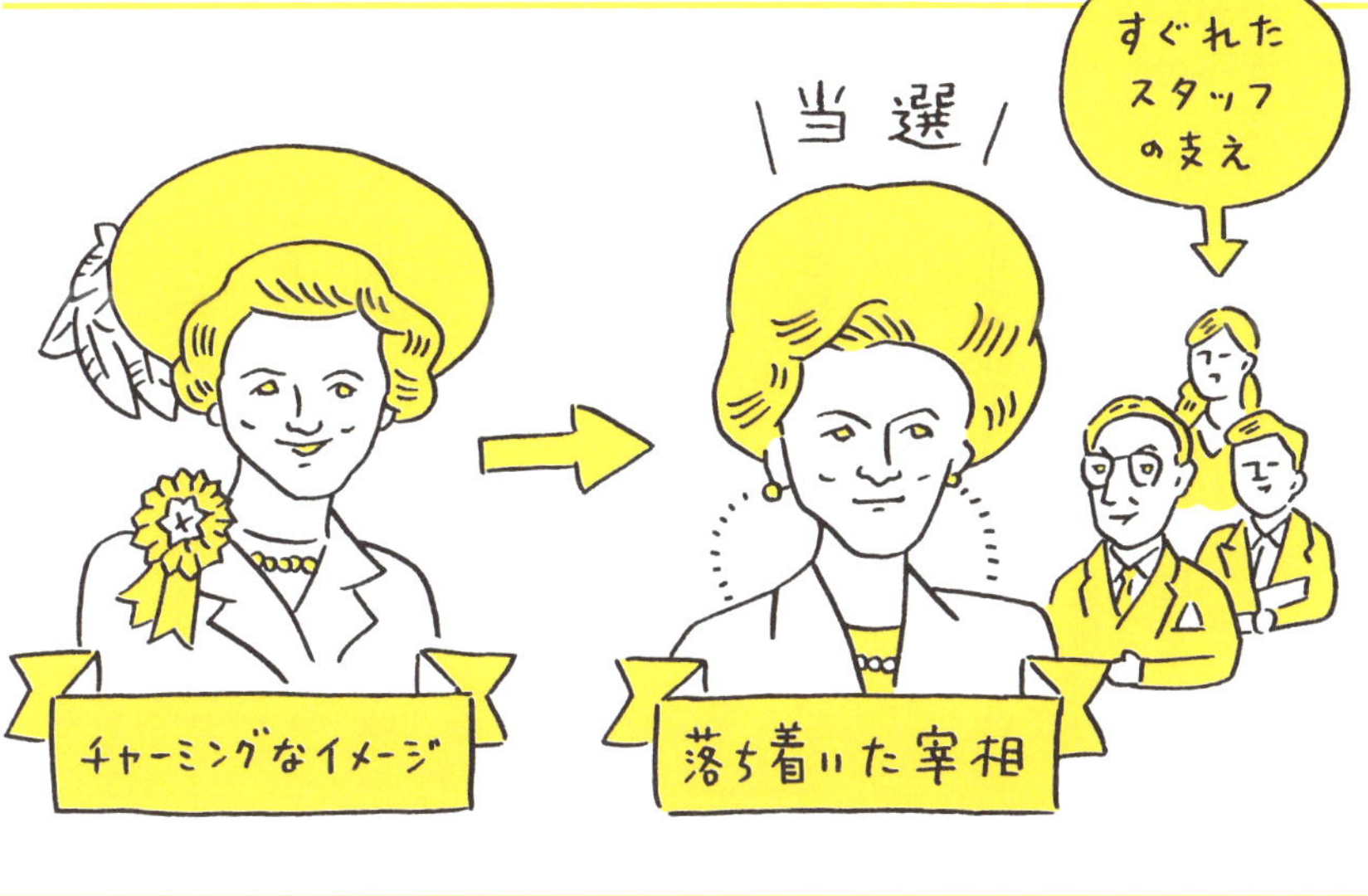

「鉄の女」を支えたデニスと側近たち

する炭水化物制限ダイエットに取り組み、9キロも減量しました。

また、それまでは白や黒のスーツを着ることが多かったのですが、この選挙戦を機に、あざやかなブルーのスーツを着るようになりました。青は、保守党のイメージカラーであり、「わたしは保守党の代表者なのだ」と、全身で訴えることにしたのです。

さらには、作曲家を雇《やと》って『ハロー、マギー』（マギーはマーガレットの愛称《あいしょう》）というテーマソングまでつくり、演説会で自分が入場するときにはその曲を流すようにしました。

決定的だったのが、専門のボイストレーナーをつけて、発声法そのものを変えたことです。それまでのサッチャーは、演説や国会論戦が盛り上がっていくと、声が高くなり、キンキンと耳障《みみざわ》りなしゃべり方になっていました。一国の宰相《さいしょう》として考えるには、どこか頼りない「ヒステリックな女性」に映ることも多かったのです。

そこでボイストレーナーと一緒《いっしょ》に、冷静で威厳に満ちた発声法を特訓し、みごとに自分のものにしていきました。

チーム一丸となったイメージ戦略は大成功を収めます。

夫のデニスでさえ勝つ見込みがないと思っていた党首選で、みごと勝利を収めたのです。こうして一躍《いちやく》時の人となったサッチャーに対し、当時敵対関係にあったソビエト連邦《れんぽう》(現ロシア)の新聞が、危険極まりない「鉄の女」だと批判します。

ところがサッチャーは、その悪口さえも味方につけ、みずから**「イギリスはいま、『鉄の女』を必要としている」**と語るようになりました。

そして4年後の1979年には総選挙を制し、首相に就任します。

世界じゅうに「鉄の女」旋風《せんぷう》が吹《ふ》き荒《あ》れるなか、東京サミット出席のため来日したサッチャーは、記者団からこんな質問を受けました。

「女性首相としてサミットに臨《のぞ》まれるお気持ちは?」

彼女は堂々と、落ち着いた声で答えます。

「わたしは女性首相としてではなく、イギリス首相としてここにいるのです」

20世紀を代表する女性政治家マーガレット・サッチャーは、たしかに傑出《けっしゅつ》した個性と信念をもち合わせた女性でした。しかし、彼女の偉業《いぎょう》は「ひとり」で成し遂げられたわけではありません。生涯にわたって彼女を支え続けたデニスという「影の主人公」がいたからこそ、鉄の女は生まれたのです。

サッチャーは回顧録《かいこ》のなかでこう述べています。

「デニスがそばにいてくれなかったら、私は11年以上も首相でいることはできなかっただろう。（中略）彼は鋭いアドバイスと洞察《どうさつ》に満ちたコメントの宝庫だった。そして慎重《しんちょう》に、これらを外の世界で述べるのではなく、私だけにとっておいてくれた」

デニスはメディアのインタビューをいつも断り、サッチャーのためだけに働きました。伊能忠敬の陰に高橋至時がいたように、サッチャーの陰にはいつもデニスがいたのです。

自分の正しさに酔《よ》いしれたメンデル

師匠や幕府、そして大勢の測量隊を仲間に巻《ま》き込《こ》んで「地球の大きさを知る」という夢をかなえた伊能忠敬。彼を陰で支え続けた、高橋至時。

イギリス初の女性首相となり、世界じゅうに「鉄の女」の名を轟《とどろ》かせたマーガレット・サッチャー。そして彼女を公私にわたって支え続けた、夫のデニス。

【人物17】

忠敬もサッチャーも、「自分ひとりでできること」と「自分ひとりではできないこと」を明確に切り離して考えることができていました。自分に足りないものを直視できた人物といってもいいかもしれません。

そして彼らには、彼らの夢をかなえてあげたいと願う優秀《ゆうしゅう》なパートナーがいました。自分は表に出なくてもいい、自分は歴史に名を残さなくてもいい、この人を支え、一緒に夢をかなえられれば、それで満足だ。そう考える「影の主役」がいました。

一方、**優秀であるがゆえに周囲の協力を求められない人**がいます。

自分は絶対に正しいのだし、正しいことをやっていれば、かならずいつかは認められる。仲間なんて必要ない、と考えてしまう人です。

その代表例ともいえる人物を紹介しましょう。「メンデルの法則」で有名な植物・遺伝学者、**グレゴール・メンデル**（人物17）です。

1822年、オーストリア帝国《ていこく》の領内（現在のチェコ共和国）にメンデルは、果樹園主の息子として生まれました。

もともと学校の先生になりたかった彼は、大学で2年間学んだあとで病気にかかり、やむなく修道院に入ることにしました。当時の修道院は、キリストの教えだけでなく、哲学《てつがく》や数学、物理学なども学べる学校のような場所だったのです。

そして学業の成績が認められた彼は、ウィーン大学への留学が許可され、ここでさまざまな学問を学びます。なかでもメンデルは数学が好きで、「世界のあらゆること（森羅万象《しんらばんしょう》）を数学で説明する」という大きな夢を掲げます。ちょうど、微積分《びせきぶん》という数学によって宇宙の動きを説明した、ニュートンのようなものです。

さて、留学期間が終わり、地元の修道院に戻ったメンデルは「遺伝」の研究に取りかかります。メンデルの実験開始と前後するように、イギリスの自然科学者ダーウィンが『種《しゅ》の起源』という本を出版して、進化論を唱えました。そしてダーウィンの進化論に賛同する科学者も大勢いましたし、メンデルもそのひとりでした。

しかし、ダーウィンの進化論にはどうしても説明できない難問がありました。

たとえば、赤い花と白い花を交配させたとき、その花はピンク色になるはずだ、というのがダーウィンたちの考えでした。ところが実際にはピンク色の花なんて生まれません。赤い花が生まれたり、白い花が生まれたり、結果はまちまちです。

ここに数学的な答えを与えることができれば、進化や遺伝の謎《なぞ》が解けるのではないか。

そう考えたメンデルの実験は、壮大なものでした。

実験の材料はエンドウ豆。

もともとエンドウ豆の苗《なえ》には、背の高い品種と背の低い品種とがあります。しかし、これも「品種」というほどはっきりしたものではなく、背の高い品種どうしを交配させても、背の低い品種が生まれることはよくありました。

そこでメンデルは、たくさんのエンドウ豆の苗を集めると、背の高い品種ばかりを何代にもわたって交配させ、もう背の低い苗が出てこないところまでもっていきます。これを「背の高い純系」と考えるわけです。そして背の低い苗でも同じことをくり返し、こちらも「背の低い純系」をつくります。

そして「背の高い純系」と「背の低い純系」を交配させ、どれくらいの割合で背の高い苗が生まれるかを調べていくのです。データを完全なものにするため、メンデルは何年もかけて、1万2980個もの標本で実験をくり返しました。

さらに苗の背の高さだけでなく、エンドウ豆の形状など、ほかの特徴についても同じ方法で調べました。

そうした地道な実験と統計によって導き出されたのが、かの有名な「メンデルの法則」なのです。背の高いエンドウ豆と背の低いエンドウ豆を交配させると、背の高いエンドウ豆が生まれる(優性の法則)。そしてここで生まれたエンドウ豆どうしを交配すると、今度は背の高いエンドウ豆が3、背の低いエンドウ豆が1、の割合で生まれる(分離《ぶんり》の法則)という法則です。

長い時間をかけてこの法則を発見したメンデルは、意気揚々《いきようよう》と学会に出かけ、「ついに進化と遺伝の謎を解いた!」とばかりに発表しました。

しかし、学会ではまったく相手にされません。あわてて今度は、遺伝の法則について書いた本を出版するのですが、これもみごとに無視されます。

仲間を得られないと誰からも認められない

なぜだと思いますか？

ひとつは、**メンデルに「伝える力」がまったく足りなかった**こと。彼の論文はあまりにも短く、言葉よりも数式ばかりで説明しようとするものでした。数学の力を信じ、遺伝の謎を数式で解き明かすことに、夢中になりすぎたのです。

当時の生物学者たちは、メンデルほど高等数学を理解できませんでした。

そして当時の数学者たちは、生物学に関心がありませんでした。

生物学者には理解できない、けれども数学者にとっては関心の湧《わ》かない話を、メンデルは続けていたのです。もう少し、彼が生物学者たちの心を理解し、言葉で説明する努力を払《はら》っていれば、結果は違ったものになったかもしれません。

そしてもうひとつの理由は、メンデルが提出したデータが、あまりにも「できすぎ」なものだったこと。つまり、メンデルの「分離の法則」に従うと、4000個のエンドウ豆のうち背の高い3000個と、背の低い1000個が生まれることになります。

でも、「背の高い苗はぴったり3000個でした」と発表されたら、逆にあやしく感じますよね？　自然はそこまで数学的にできているわけではないし、実験にミスはつきものなので、多少の誤差は出るはずです。ところがメンデルの提出したデータは、「ほぼぴったり」の数字で、自分の法則を裏づけるものでした。この数字が正しいものであったのかどうかは、いまでも議論が分かれているところです。

けっきょく、メンデルは誰に認められることもないまま遺伝の研究をやめ、その生涯を閉じました。彼の研究成果が再評価されるのは、死後16年が経《た》ってからのことです。

メンデルが「早すぎた天才」だったかというと、そうではないでしょう。

彼はシャイな性格で、あまり人との交流を好みませんでした。数学的な正しささえ証明すれば、いつか認められるはずだと考えていました。パートナーを求めず、「仲間」をつくろうとせず、孤独《こどく》に研究を続けていたのです。

もしもメンデルに、彼の研究をサポートする仲間がいて、学会での発表にアドバイスをくれたり、本の出版に協力するパートナーがいれば、きっと生前から高い評価を受けていたでしょう。

歴史の教科書に、高橋至時やデニスの名前は登場しません。日本地図をつくった男として伊能忠敬が、先進国初の女性宰相としてサッチャーが挙げられるだけです。しかし実際には、伊能忠敬に測量の旅をすすめ、その道を整えたのは高橋至時でした。政治家サッチャーを支え続け、「そろそろ引退するべきだ」と助言したのはデニスでした。

彼らは「誰かの夢」を手助けしたのではありません。あくまでも「自分の夢」をかなえるために、影の主人公となる道を選び、夢をかなえてくれる人(忠敬やサッチャー)を支援したのです。

未来をつくる物語の主人公は、ひとりではない。影のヒーロー、影のヒロインという道があることを覚えておきましょう。

4時限目まとめ

1
個性豊かな仲間たちと「パーティー」をつくろう

2
自分の個性を知って自分の人生の主人公になろう

3
変革者の背後には「影の主役」たちがいる

4
伊能忠敬の夢を支えたのは、病床《びょうしょう》の天文学者だった

5
「鉄の女」サッチャーを支えるため「情けない夫」を演じたデニス

6
自分の才能におぼれ「仲間」を得られず失敗したメンデル

5時限目

ミライは「逆風」の向こうにある

変革者はいつも「新人」である

中学生というのは、非常に中途半端《ちゅうとはんぱ》な年齢《ねんれい》です。まだ大人とはいえないいし、もう子どもじゃない。「中学生が、生意気言うな」と半人前扱《あつか》いされたかと思えば、「もう子どもじゃないだろ」と叱《しか》られる。だからいま、みなさんが大人たちになにかを訴《うった》えても、真剣《しんけん》に耳を傾《かたむ》けてくれないかもしれません。

それでは、**いつになったら大人たちはみなさんを「一人前」だと認めるのでしょうか?** いつになったらみなさんの声に耳を傾け、みなさんの考えを認め、みなさんたちが訴える「あたらしい価値観」や「あたらしい世界像」を認めるのでしょうか?

ひとつ、興味深い話をしましょう。

1時限目で紹介《しょうかい》したコペルニクス。彼《かれ》は地動説という、まさに世界がひっくり返るくらい大胆《だいたん》な新説を唱えました。そして、コペルニクスの地動説はたんなる新説ではなく、動かしがたい事実でした。実際、いまのわれわれは地動説の正しさをよく知っています。

それではいったい、当時の人々はどうやって地動説を受け入れていったのでしょうか。

ローマ教皇庁とカトリック教会がなかなか認めなかったのは、いわば宗教上の理由です。そうではなく、科学者や一般《いっぱん》の庶民《しょみん》たちは、どうやって地動説を受け入れていったのか。あたらしい人の、あたらしい考えを、どう受け止め、それまでの古い考えを改めていったのか。

地動説と天動説、真っ向から対立する学説です。

普通《ふつう》に考えると、地動説をテーマに「賛成派」と「反対派」がテーブルの両側に分かれて、お互《たが》いの主張を激しくぶつけ合う討論会のような姿をイメージするでしょう。そして激しい議論の末、地動説派が勝利を収める。それまで天動説を信じていた人々が、「なるほど、たしかにあなた方の唱える説のほうが正しい。わたしたちは間違《まちが》っていました」と自分たちの誤りを認め、考えを改める。そんなイメージです。

でも、実際は違《ちが》います。

20世紀を代表するアメリカの科学史家、トーマス・クーンはコペルニクスの時代を丹念《たんねん》に研究した結果、驚《おどろ》くべき結論にたどり着きました。

コペルニクスの地動説は、彼の死後1世紀あまり、ほとんど賛同者を得られなかった。ニュートンの仕事も、主著『プリンキピア』が出てから半世紀以上、一般の支持を得られなかった。ダーウィンの進化論だって、すぐに受け入れられたわけではない。それでは、こうした世界をひっくり返すような新説は、いつ、どのタイミングで、どのようにして受け入れられてい

世界全体があたらしい考えになるには「世代交代」が欠かせない！

くのか？

彼の結論は**「世代交代」**です。

つまり、天動説を信じる古い世代の大人たちは、どれだけたしかな新事実を突《つ》きつけても、一生変わらない。なにがあっても自説を曲げようとしない。地動説が世のなかの「常識」になるのは、古い世代の大人たちが年老いてこの世を去り、あたらしい世代が時代の中心に立ったときなのだ。**「世代交代」だけが、世のなかを変えるのだ。**……と、そんなふうに言うわけです。

これは学校の部活で考えるとわかりやすいかもしれません。

たとえば野球部やテニス部に「1年生は球拾いをする」という常識があったとします。1年生のみなさんは、球拾いがどれほど無駄《むだ》な行為《こうい》か、その時間に普通の練習をさせてくれればどれだけ成長するか、ありとあらゆる事例を挙げながら訴えます。

でも、3年生は聞く耳をもたないでしょう。2年生だって「おれたちも去年まで球拾いばかりやっていたんだ。お前たちもがんばれ」と聞き流す可能性が高い。

けっきょく、3年生が引退し、2年生も引退して、みなさんが主役（最上級生）になったときにようやく「1年生の球拾い禁止」が「常識」になります。世のなかが完全に変わるには、いつだって世代交代が必要なのです。

トーマス・クーンは、これを**「パラダイム」**という言葉で説明しました。パラダイム

とは、簡単にいうと「ある時代に共有された常識」といった意味の言葉です。

文明とは、ゆるやかなカーブを描《えが》くように少しずつ発展していくものではない。それまでの常識（パラダイムA）が、あたらしい常識（パラダイムB）に打倒《だとう》されたとき、時代は次のステージに突入《とつにゅう》する。

さらにパラダイムBが、もっとあたらしいパラダイムCに打倒されたとき、時代はもう一段上のステージに突入する。

そして古いパラダイムが、あたらしいパラダイムに移り変わる（パラダイム・シフト）ためには「世代交代」が必要である。**古い世代の人たちに世界を変える力はない。世界を変えるのは、いつも「新人」なのだ。**……トーマス・クーンは『科学革命の構造』という著書のなかで、次のように結論づけています。

「このようなあたらしいパラダイムの基本的発明を遂《と》げた人は、ほとんど、非常に若いか、パラダイムの変更《へんこう》を促《うなが》す分野にあたらしく入ってきた新人かのどちらかである」

「明らかに彼らは、通常科学の伝統的ルールに縛《しば》られることがなく、これらのルールはもはや役に立たないから外のものを考えよう、ということになりやすい」

21世紀に生まれたみなさんは、正真正銘《しょうしんしょうめい》のあたらしい人、つまり「新人」です。

みなさんにはいま、古い世代の大人たちには見えないものが見えています。

「このルールって、おかしくない？」

「なんでみんなわざわざこんなことしてるの？」

「もっと簡単にできるんじゃない？」

過去の常識に縛られない「新人」だからこそ感じる違和感《いわかん》が、たくさんあるはずです。

さあ、いよいよ最終の5時限目に突入しました。ここでは、新人としての生き方について、お話ししていきたいと思います。

世界一の小説家になった「新人」

世のなかを変えるのは、いつの時代も「新人」である。

とびっきり若い人。あるいは別の分野から参入してきた「よそ者」や「シロウト」。そういった「新人」だけが、世のなかを変えていく。

この言葉にもっともふさわしい人物は、**J・K・ローリング**（人物18）かもしれません。

世界73の言語に翻訳《ほんやく》され、シリーズ累計《るいけい》4億5000万部を突破《とっぱ》した大ベストセラー、『ハリー・ポッター』シリーズの作者です。

【人物18】

彼女《かのじょ》の経歴は、まさに「新人」と呼ぶにふさわしいでしょう。まず、シリーズ第1作である『ハリー・ポッターと賢者《けんじゃ》の石』は、彼女がはじめて書き上げた小説でした。そして彼女は、大学で文学を学んだわけではなく、すべて独学で小説の書き方を身につけました。しかも彼女は、**シングル・マザーとして幼い娘を育てながら、仕事も収入もないギリギリの状態で、『ハリー・ポッターと賢者の石』を書き上げました。**そんな思いをしてまで書き上げた小説は12の出版社から出版を断られました。

そして現在、彼女は総資産がエリザベス女王を上回る、世界一裕福《ゆうふく》な作家になっています。『ハリー・ポッター』シリーズを読んだことがある人、また映画を観《み》たことがある人は、みなさんのなかにもたくさんいるでしょう。

誰《だれ》からも相手にされなかったシロウトの「新人」が、出版業界や映画業界の歴史まで塗《ぬ》り替《か》えてしまったのです。それではさっそく、彼女の人生を追っていきましょう。

彼女がイギリス南西部のグロスタシャー州に生まれたのは、1965年。ローリング家はいわゆるエリート一家というわけではなく、父親は工場の機械工、母親は専業主婦という、ごく普通の家庭です。ただし、両親とも読書が好きで、家の本棚《ほんだな》にはたくさんの本があふれていました。ジョアン・ローリング（J・K・ローリングの本名）は本に囲まれながら、二人姉妹《しまい》の長女として育っていきました。

ジョアンがいちばん最初に物語を書いたのは、6歳《さい》のときでした。のちに彼女が書き上げる長い長い物語にくらべればほんの小さな「おはなし」です。ウサギを主人公とする「おはなし」を書き上げたとき彼女は、「このまま出版できる」と思ったくらい自信があったといいます。

しかし、そうした彼女の自信は少しずつ崩《くず》されていくことになります。

ジョアンが9歳のとき、ローリング家は南ウェールズの美しい自然に囲まれた、タッツヒルという小さな村に引《ひ》っ越《こ》します。都会育ちの両親にとって、田舎《いなか》暮らしは長年の夢だったのです。こうしてジョアンは、タッツヒル英国教会小学校という古めかしい小学校に転校することになりました。

ジョアンの両親に限らず、多くの大人たちは「田舎」のことを、「都会よりも自由でのどかなところ」だと考えます。ところが実際には、田舎のほうが保守的で、古くさい慣習が根強く残り、子どもや「よそ者」に厳しい土地柄《とちがら》だったりするものです。ジョアンの転校した小学校は、まさにそんな場所でした。

タッツヒル英国教会小学校に転校したジョアンを待ち受けていたのは、担任となるモーガン先生。いかにも不機嫌《ふきげん》そうで、子どもたちの誰もが恐《おそ》れる女性教師です。転校初日の朝、ジョアンは算数の小テストを受けさせられました。しかも、前の小学校では習っていない分数の問題です。

けっきょく、10点満点のテストで0・5点しかとれなかった彼女は、教室右端《みぎはし》の列の机に座《すわ》るよう言いつけられます。あとになって気づいたのですが、その1列は「勉強ができない子」の指定席だったのです。

やがて友だちもでき、少しずつ学校も楽しくなってきたのですが、ここであたらしい問題が発生します。算数の勉強をがんばった彼女は、成績も上がり、教室の右端から左端の列に移動することが認められました。「勉強ができる子」の指定席です。ところが席が替わってしまうと、それまで仲良くしていた友だちが離《はな》れていきます。優等生ぶって生意気だ、というわけですね。

こうしてひとりぼっちになったジョアンは、「学業」と「友情」の二者択一《にしゃたくいつ》を迫《せま》られ、最終的には「学業」を選びます。大人たちに認められること、モーガン先生に叱られないことを、優先させたのです。のちに彼女は、当時の自分について『ハリー・ポッター』のハーマイオニーみたいな優等生だった、と語っています。

6歳のとき、あれだけ自信に満ちあふれ、天真爛漫《てんしんらんまん》だった彼女は「作家になりたい」という自分の夢を、誰にも語らなくなりました。古くさい慣習のなかで、大人たちに押《お》しつぶされ、才能の芽を摘《つ》み取《と》られそうになっていたのです。

ハリー・ポッターが生まれた魔《ま》法《ほう》の列車

大人の顔色をうかがうジョアンは、大学選びにも失敗してしまいます。

作家になることを夢見ていた彼女の希望は、文学部に進むことでした。しかし、両親は娘《むすめ》がそんな夢を抱《いだ》いていることさえ知りません。安定した職業に就《つ》くため、語学(フランス語)を学ぶよう、ジョアンに勧《すす》めます。そして彼女は、作家になりたいと言い出せないまま、両親の希望する学部に入りました。

もしかしたらみなさんも、自分の夢を語ることに躊躇《ちゅうちょ》するかもしれません。

こんなことを言ったら笑われるんじゃないか、バカにされるんじゃないか、叱られるんじゃないかと、不安に思うかもしれません。

小さいころから大人たちに抑《おさ》えつけられ、自分の夢を誰にも言えないまま「優等生」を演じていたジョアンは、ここから長い長い回り道をしてしまいます。

大学卒業後には、せっかく身につけたフランス語をいかした仕事を見つけなければならないと感じて、ロンドンにある2ヵ国語秘書スクールに通い、「アムネスティ・インターナショナル」という国際人権NGOで秘書（研究助手）の仕事に就きます。当時、秘書として働いていた彼女のことを覚えている同僚《どうりょう》は、ほとんどいないそうです。それくらい地味で、同僚とお酒を飲んだり遊んだりすることもなく、昼休みや終業後は、隠《かく》れるようにして小説を書き続けていました。もちろん、まだ『ハリー・ポッター』の構想が生まれる前。普通の文芸作品を書いていたといいます。


そうやって1990年の夏、彼女が25歳のときに人生最大の転機が訪《おとず》れます。

当時ジョアンのつき合っていたボーイフレンドが、イギリス北西部のマンチェスターに引っ越すことになりました。そして彼と一緒《いっしょ》にアパートを探し、ロンドンに帰る列車のなかで、突《とつ》如《じょ》として『ハリー・ポッター』の構想が浮《う》かんできたのです。

最初に現れたのは、主人公の少年ハリーでした。壊《こわ》れかけた丸眼鏡、くしゃくしゃの髪《かみ》の毛《け》、緑色の瞳《ひとみ》。ハリーには両親がいない、両親が亡《な》くなっている、というところも見えました。そしてハリーはいま、列車に揺《ゆ》られて魔法界の寄宿学校に向かっている。彼女は考えました。

「どうしてハリーは『ここ』にいるの？」

「どうしてハリーの両親は亡くなってしまったの？」

まるで謎解《なぞと》きをする探偵《たんてい》のように、不思議な少年ハリーの正体を探《さぐ》っていくうちに、たくさんの登場人物が現れ、膨大《ぼうだい》な物語があふれ出てきました。映画でおなじみのホグワーツ魔法魔《ま》術《じゅつ》学校も、このとき見えていました。マンチェスターからロンドンまで、4時間の列車の旅。それまで書いてきた小説では苦労して物語を絞《しぼ》り出《だ》していたのに、こんな経験ははじめてでした。

「でも、人生最高のアイデアが頭を駆《か》けめぐっているのに、よりによって手元には使いものにならないペンばかり！　どこへ行くのにもペンとノートだけは必ず持っていたのに。それで書き留めようとするよりは、頭の中で練るしかなかったのです」（『ハリー・ポッター裏話』J・K・ローリング、L・フレーザー著より）

そしてロンドンのアパートに到着《とうちゃく》すると、彼女は思いついたストーリーや登場人物、魔法使いや魔女《まじょ》になる方法、魔法魔術学校で彼らが学ぶカリキュラムなど、思いついたアイデアを、片っ端からノートに書いていきました。もうこの時点で、この壮大《そうだい》な物語が7部作のシリーズになることはわかっていたといいます。

逆境のなかで下したふたつの決断

さて、これだけすばらしい物語が浮かんだというのに、まだジョアンは作家に専念することができません。

ロンドンでの秘書の仕事を辞《や》め、ボーイフレンドについていくかたちでマンチェスターへと移り、商工会議所で派遣《はけん》社員の秘書として働き、マンチェスター大学の事務員としても働きました。

そしてちょうどこのころ、最愛の母が亡くなってしまい、しかも実家に泥棒《どろぼう》が入って母の形見がすべて盗《ぬす》まれてしまいます。さらにボーイフレンドともケンカが絶えなくなり、なにもかもがいやになってしまいました。すべてから逃《に》げ出《だ》したくなったのです。

そこでジョアンは、海外に行くことを決断しました。海外に行って人生を一新しようと考えたのです。新聞を読んでいたとき、ポルトガルで働く英語教師の求人広告を見つけた彼女は、すぐに応募《おうぼ》し、ポルトガルへと渡《わた》りました。

ポルトガルでの英語教師生活のスタートは順調でした。

半年後にはジャーナリストのジョルジと恋《こい》に落ち、その1年後には結婚《けっこん》してジェシカという長女が生まれました。このときジョアンは28歳。ロンドン行きの列車で物語の着想を得てから3年が過ぎていましたが、なんとか『ハリー・ポッターと賢者の石』の3章までは書き上げていました。

しかし、幸せな結婚生活もそう長くは続きません。

夫のジョルジは、もともと支配的で、嫉妬深《しっとぶか》い人でした。そしてある日、ジョアンと大ゲンカの末、彼女を家の外まで引きずり出し、かなり強く殴《なぐ》りつけると、そのまま追い出してしまったのです。もともと険悪になっていたふたりの仲が、完全に壊れた瞬間《しゅんかん》でした。ジョアンは夫のもとから娘を取《と》り戻《もど》すと、離婚《りこん》の手続きをとって、妹のアンが住むスコットランドへと飛び立ちました。

幼い娘を抱《かか》えたジョアンにとって、安定した仕事を見つけることは急務でした。以前のように派遣社員として秘書の仕事をするのではなく、一生続けられる仕事を見つけなければなりません。もはや、自分ひとりの人生ではないのです。

そこで考えたのが高校でフランス語の教師になることでした。しかし、そのためには教員免《めん》許《きょ》を取得しなければなりません。教員免許を取得するには、最低でも1年はかかります。それまで職を転々としてきたジョアンは、ここで人生最大ともいえるふたつの決断を下します。

ひとつは、**それまで誰にも、夫にさえ読ませていなかった『ハリー・ポッター』の草稿《そうこう》を妹のアンに読ませること**です。もしも妹がこの原稿《げんこう》をおもしろいと思わなかったら、小説家の道はあきらめていたかもしれない、とジョアンは振《ふ》り返《かえ》っています。しかし、妹のアンは物語に夢中になり、ハリーの大ファンになりました。そしてがんばって続きを書き上げるよう、励《はげ》ましてくれました。

そしてもうひとつの決断は、**教員免許よりも小説に集中する**、ということでした。**もしもいま書き上げられなかったら、自分は一生書き上げられないだろう、集中するならいましかない、と考えたのです。**

ここからジョアンは、生活保護を受けながら、精神的に不安定になっていたのでうつ病のカウンセリングに通い、大学の教員養成コース受講を申請《しんせい》し、ときどきパートタイムで秘書の仕事をしながら、小説の執筆《しっぴつ》に集中しました。

朝、娘のジェシカを公園に連れていき、くたくたに疲《つか》れ果《は》てるまで遊ばせて、娘が眠《ねむ》ってから小説に集中する。お気に入りの執筆場所はニコルソンズ・カフェという喫茶店《きっさてん》で、コーヒー

1杯《ぱい》で何時間も粘《ねば》りながら小説を書き続けました。自宅で執筆するときには、足元に大量のジグソーパズルをばらまき、ジェシカをそれで遊ばせながら書き続けました。生活はいつもギリギリで、彼女の部屋には家具さえ置いてありませんでした。

そして1年後の1995年、ようやく『ハリー・ポッターと賢者の石』が完成します。全17章の大作で、ポルトガルにいた約1年前までは3章しかできていなかったのですから、驚異《きょうい》的なスピードといっていいでしょう。

ジョアンはさっそく原稿を代理人に送り、出版社探しをはじめます。しかし、出版が近づいたことを喜ぶジョアンとは裏腹に、代理人にはふたつの気がかりがありました。

8歳の少女に救われたハリー・ポッター

出版業界をよく知る代理人の気がかりは、作品のクオリティではありません。たしかに作品としてはおもしろい。でも、児童書の適切な長さが4万語とされているのに対して、『ハリー・ポッターと賢者の石』はその2倍以上、9万語を超《こ》える超《ちょう》大作です。こんなに長くて分厚い本を、子どもたちが読んでくれるのかどうか。いや、そもそも出版社が契約《けいやく》してくれるのかどうか。

ベテランよりも「新人」のほうが本質を見抜《みぬ》く力がある

さらに、もっと根本的な話をすれば、当時のイギリス出版界では「児童書は売れない」という認識《にんしき》が支配的になっていました。実績のあるベテラン作家ならともかく、名も知らない女性のデビュー作で、しかもこんなに分厚い本が売れるのか。代理人は、なかなか自信をもてませんでした。

そして代理人が感じた危惧《きぐ》は、現実のものとなります。

イギリス最大手の出版社ハーパー・コリンズ、世界的に有名な老舗《しにせ》出版社ペンギン・ブックスをはじめとした主要な出版社は、すべて『ハリー・ポッターと賢者の石』の出版を断ってきました。断られた出版社は、ぜんぶで12社にも及《およ》びます。

このなかで唯一《ゆいいつ》、出版にGOサインを出し

たのが、ブルームズベリーという出版社でした。これも、ジョアンの才能に惚《ほ》れ込《こ》んで契約に至ったのではありません。

部下から受けとった(かなり分厚い)原稿を家にもち帰ったブルームズベリー社の社長、ナイジェル・ニュートンは、なかなかそれを読む気になれませんでした。すると8歳になる娘のアリスが勝手に読んで、**「パパ、これはほかのどんな本よりもおもしろいよ」**と感想を述べてきたのです。

こうして、8歳の娘が喜ぶのなら間違いないと思ったニュートンは、ジョアンとの契約を決心したのでした。

ここにトーマス・クーンが述べた、「パラダイム・シフト」の構造が明確に表れています。出版業界をよく知るベテラン(古いパラダイムの住人)たちは、まともに中身を検討することもなく、「児童書としては長すぎる」とか「そもそも児童書は売れない」とか、自分たちの常識だけで、作品の価値を判断しました。たくさんの本を読み、たくさんの作家を見てきたはずの彼らでさえ、『ハリー・ポッター』がもつほんとうの価値は見抜《みぬ》けなかったのです。

一方、**出版界の常識なんてなにも知らない8歳の女の子アリスは、素直《すなお》に「ほかのどんな本よりもおもしろい」と反応しました。**彼女にとって、ジョアンがどんな人であるとか、児童書はこれくらいの長さがいいとか、そんなことはいっさい関係ありません。彼女のような人間こそ、あたらしいパラダイムの住人であることはいうまでもないでしょう。

こうして1997年の夏に発売になった『ハリー・ポッターと賢者の石』は、初版（最初に印刷した部数）がわずか500部。ジョアンが受けとった契約金は、約25万円でした。また、出版にあたってジョアンはペンネームをつけるよう依頼《いらい》されます。「ジョアン」という女性の名前だと、男の子の読者が買ってくれないかもしれない、というのです。ジョアンは自分のイニシャル「J」と、大好きだった祖母キャスリーンのイニシャル「K」をとって、「J・K・ローリング」と名乗るようになりました。

その後、『ハリー・ポッターと賢者の石』は、瞬《また》く間《ま》に世界的ベストセラーとなり、シリーズ3作目の『ハリー・ポッターとアズカバンの囚人《しゅうじん》』発売時には、書店に長蛇《ちょうだ》の列ができるなど社会現象にもなりました。2001年からは映画化され、2007年には7部作の完結編となる『ハリー・ポッターと死の秘宝』が発売されています。

けっきょく、ジョアンの作家人生を救ったのは、草稿を読んで「おもしろい！ 絶対に続きを書き上げるべきよ」と励ましてくれた妹のアンと、完成原稿を読んで「ほかのどんな本よりもおもしろい」と興奮した8歳のアリスでした。プロの作家でもなく、プロの編集者でもなく、名のある評論家でもない、ただのシロウトです。

ジョアン自身も「新人」でしたが、最初の読者も「新人」でした。世界を席巻《せっけん》したハリー・ポッターの物語は、「新人」たちによって生まれたのです。

「小さな巨人《きょじん》」と呼ばれた日本人女性

J・K・ローリングは、年齢的にも、経歴的にも、まさに「新人」の名にふさわしい女性でした。そのため彼女の「生活保護を受けていたシングル・マザーが一夜にして文壇《ぶんだん》のトップスターへ」という物語は、一種のシンデレラ・ストーリーとして語られることも多いものです。

一方、十分な年齢と、誰もが認める経歴を重ねたうえで、まったくの「新人」として活躍《かつやく》した女性もいます。

彼女の名前は、**緒方貞子《おがたさだこ》**（人物19）。女性としてはじめて、そしてアジア人としてはじめて、さらに学者出身としてはじめて、国連《こくれん》の難民高等弁務官《なんみんこうとうべんむかん》に選ばれた女性です。1991年から10年間にわたって紛争《ふんそう》地域の最前線で活躍した彼女は、世界じゅうから**「小さな巨人」**と称《たた》えられました。

【人物19】

1927年（昭和2年）、緒方さんは外交官の中村豊一《なかむらとよいち》の長女として現在の東京都港区に生まれました。母方の曾祖父《そうそふ》は、元内閣総理大臣の犬養毅《いぬかいつよし》。彼は、「貞子」という名前の名づけ親でもあります。

父の仕事の関係で3歳のときに渡米《とべい》した緒方さんは、サンフランシスコやポートランドなど、アメリカ西海岸で5年間を過ごします。さらに広東《カントン》や香港《ホンコン》などでも3年間過ごし、小学校5年生のときに帰国しました。ここで聖心女子学院《せいしんじょしがくいん》に入学し、戦争がはじまってからは学徒動員されて、タイヤ工場で飛行機のタイヤをつくる作業にあたっていました。

やがてアメリカ軍の空襲《くうしゅう》が激しくなると、いつもアメリカ時代の友だちのことを思っていたといいます。

「どうして、あの子たち（友だち）のいる国が、こんなことをしてるんだろう」

自分たちの国は、かつて自分が暮らしたアメリカや中国と戦争をしている。そしてひいおじいちゃん（犬養毅）は、軍部によって暗殺された（五・一五事件）。国際経験が豊富で、政治との関わりも強い家庭だっただけに、緒方さんにとって戦争への思いは複雑なものでした。

そして疎開《そかい》先の軽井沢《かるいざわ》で終戦を迎《むか》えると、東京に戻って聖心女子大学に入学します。大学時代はテニスに熱中し、その腕前《うでまえ》は全日本選手権のシングルスでベスト16、ダブルスではベスト4に進出するほどでした。のちに彼女が見せる体力や行動力は、このときに養われたのかもしれません。

こうして聖心女子大学を卒業すると、1951年にロータリークラブの奨学金《しょうがく》を受けて、アメリカの名門・ジョージタウン大学の大学院に留学します。専攻《せんこう》は国際関係論。日本がなぜ、あの戦争に突入してしまったのかを学問的に分析《ぶんせき》することが、彼女の願いでした。

さらに1956年に再び渡米して、今度はカリフォルニア大学バークレー校で助手を務め、帰国後に提出した論文「満州事変《まんしゅうじへん》と政策の形成過程」によって政治学の博士号を取得しました。

緒方さんは、この2度にわたる留学のなかで、**「論理的に考えること」**の意味を学んだといいます。いくつか、彼女の言葉を引きましょう。

「アメリカの大学院には論文を書きに行くと思わないといけないのですよ。それはそれは、たくさん書かされたから。書くには、ものを考えなければいけないから。あの訓練は、アメリカ

の大学院で、たくさん揉《も》まれなければできなかったと思います」（『緒方貞子　戦争が終わらないこの世界で』小山靖史《こやまやすし》著より）

「アメリカの大学院は大変に厳しく、相当勉強させられました。論文は論理的な展開をしなければならないということで、ずいぶん苦労もしました」（『共に生きるということ』緒方貞子著より）

緒方さんの博士論文はその価値を認められ、カリフォルニア大学バークレー校から英語版として出版され、2年後には日本でも出版されています。おそらくこのままキャリアを積んでいけば、彼女はふつうの国際政治学者として、その半生を送っていたことでしょう。

しかし、時代は彼女を「一学者」の枠《わく》にはとどめてくれませんでした。緒方さんはここから、激動する時代の波にのまれ、大きな「再出発」を迫《せま》られるのです。

誰からも期待されなかった国連難民高等弁務官

1990年、国連のなかでちょっとしたアクシデントが起こります。難民の保護と救済を専門に扱う国連機関、国連難民高等弁務官事務所（UNHCR）の代表だったトールヴァル・ストルテンベルグが、母国ノルウェーの外務大臣に就任することになり、高等弁務官の座が空席になったのです。

このとき国連主要国から後任候補を推薦《すいせん》することになり、日本の外務省から「緒方さんを推薦したい」と打診《だしん》がありました。当時上智大学の教授だった緒方さん自身、日本はもっと国連の主要ポストに人材を送り出すべきだと考えてきたこともあり、そしてまさか自分が選ばれるわけがないという思いもあり、打診を引き受けます。

そして15人前後の候補者のなかから徐々《じょじょ》に選抜《せんばつ》され、最終的に緒方さんが後任の国連難民高等弁務官に選ばれたのです。就任の知らせは、国連事務総長から直々の電話だったといいます。このとき、緒方さんは63歳。そろそろ隠居《いんきょ》を考えてもおかしくない年齢です。

前任者が突然辞任して、混乱を極《きわ》めていた国連難民高等弁務官事務所に現れた、小柄な東洋人女性。

緒方さんは、国連職員として働いた経験はありません。政治家や外交官でもありません。世界的に見れば、無名に近い学者です。それまでの弁務官は、すべて男性でした。しかもすべてヨーロッパの政治家でした。事務所のなかに、緒方さんのことを知る職員はほとんどいませんでしたし、期待もされていませんでした。**いわば、「シロウト」であり「新人」だったのです。**

彼女が期待されていなかった理由、そして彼女が弁務官に選ばれた理由は、もうひとつあります。当時の日本は世界第2位の経済大国で、同じく世界第2位の国連分担金の負担国でした。その日本から人材を迎え入れることで、資金不足にあえぐUNHCRにもっとお金を出してもらおう、という狙《ねら》いもあったのです。つまり、職員たちは緒方さんのことを、お金と引き替えに受け入れた「お飾《かざ》り」のような代表だと考えていました。

もちろん、学者として国際政治を熟知していた緒方さんですから、なんの実績もない自分がなぜ弁務官に選ばれたのか、そしてまわりの職員が自分のことをどう見ているか、しっかり理解していました。

もし、ふつうの時代であれば緒方さんは「お飾り」として弁務官の職を務め、任期が終わってから再び学者の道に戻っていたかもしれません。彼女がUNHCRのトップに就いた1990年は、東西に分断されていたドイツがひとつになった、冷戦終結の年。平和になるかと思っていた世界に、民族主義の風が吹《ふ》き荒《あ》れ、各地で紛争《ふんそう》が起こり大量の難民が発生するようになる1990年代のはじまりでもあります。

そして、緒方さんの就任直後、UNHCRは最大のピンチを迎えます。

1991年にイラクで勃発《ぼっぱつ》した湾岸《わんがん》戦争と、そこで発生したクルド人難民問題です。

「私はやることに決めました」

ここで、**「そもそも難民とはなにか？」**ということを明らかにしておいたほうがいいでしょう。

難民の定義は、国連で採択《さいたく》された「難民条約」によって次のように定められています。

「人種、宗教、国籍《こくせき》、政治的意見、または特定の社会集団に属するなどの理由で、自国にいると迫害《はくがい》を受けるか、迫害を受ける恐れがあるため他国に逃《のが》れた人々」

湾岸戦争当時、大きくクローズアップされることになったのは、文末にある**「他国に逃れた人々」**という言葉です。いったい、これのなにが問題になるのか、一緒に見ていきましょう。

1991年、国連の多国籍軍がイラクを空爆《くうばく》することではじまった湾岸戦争は、ほどなく多国籍軍の勝利に終わりました。

そしてイラク軍の敗退を見て、イラク国内の少数民族であるクルド人勢力が、武装蜂起《ほうき》します。それまでクルド人たちは、イラクのフセイン政権から迫害を受けていました。そして湾岸戦争の敗北を機に、政権の打倒を試みたのです。

しかし、この武装蜂起はイラク軍の反撃《はんげき》によって鎮圧《ちんあつ》されます。武装蜂起の失敗は、クルド人たちを恐怖《きょうふ》の底へと突き落としました。フセイン政権は、化学兵器によってクルド人を迫害した過去をもっています。その政権に牙《きば》を向けたとなれば、どんな仕打ちが待っているかわかりません。こうしてさらなる迫害を恐れた１８０万ものクルド人が、国外へ逃れようとイランやトルコとの国境をめざしました。

このうち１４０万人は無事イランに脱出《だっしゅつ》できたのですが、問題はトルコとの国境へ逃れた40万人です。

じつは、国内にも多数のクルド人を抱え、独立運動を展開されていたトルコは、これ以上クルド人難民を受け入れることができなかったのです。トルコはイラクとの国境を封鎖《ふうさ》し、クルド人たちを追い返しました。

こうして行き場を失ったクルド人たちは、雪に覆《おお》われた国境近くの山岳地帯《さんがくちたい》で、飢《う》えと寒さに苦しみながら耐《た》え忍《しの》ぶ日々が続きました。イラク国内に戻れば迫害に遭《あ》い、トルコ国境を越えることもできない、孤立無援《こりつむえん》の状態です。

ここで当然、緒方さん率いるＵＮＨＣＲが支援《しえん》にあたるべきだとの声が出るのですが、先ほどの話をよく思い出してください。

難民条約における難民の定義は、迫害を恐れて「他国に逃れた人々」でしたよね？　そして

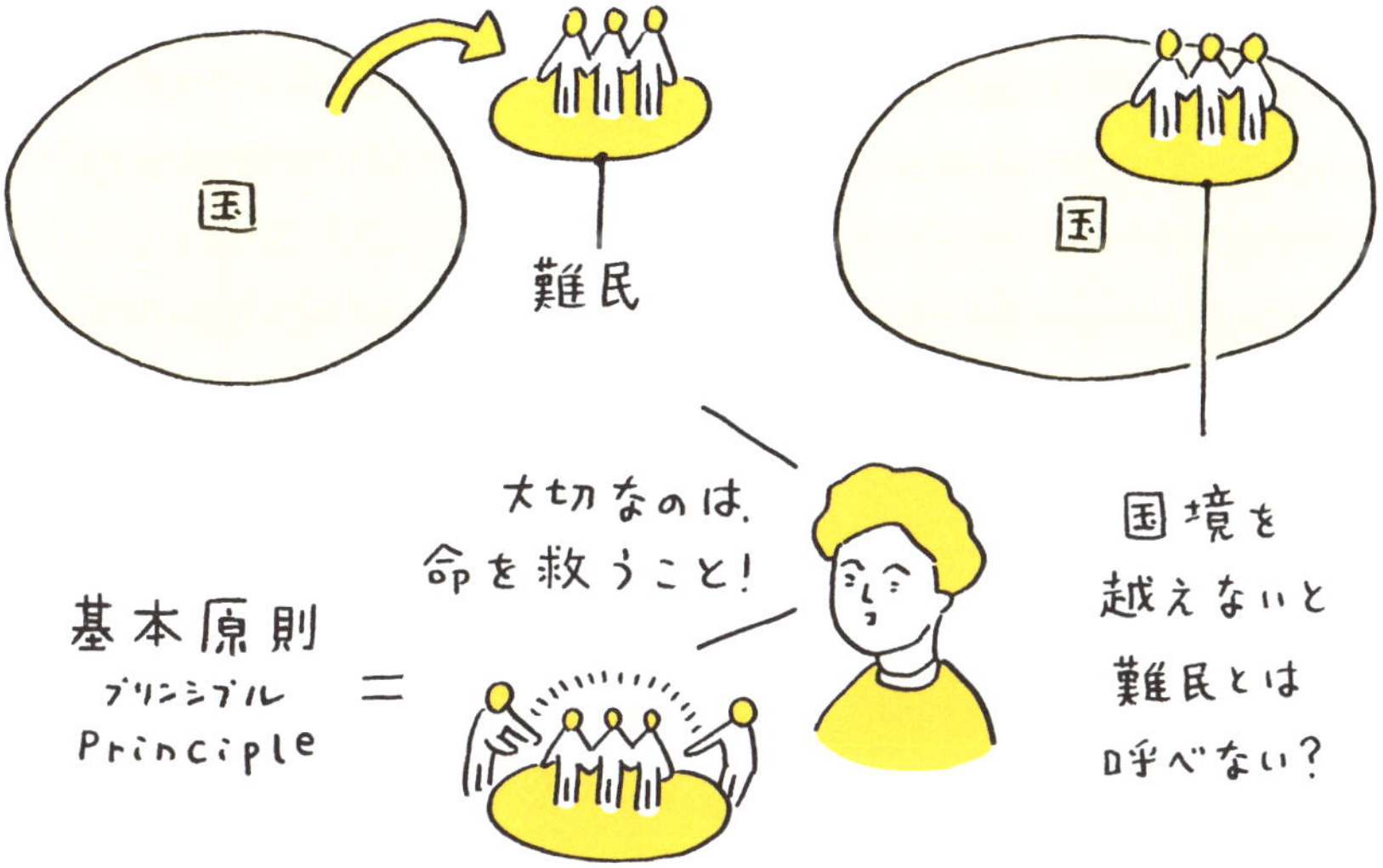

トルコから追い返されたクルド人たちは、他国に逃れたわけではありません。あくまでもイラク国内にとどまっています。

難民と呼べないクルド人たちを、どう扱うか。緒方さんはUNHCRの幹部を緊急招集《きんきゅう》して、会議を開きました。人道的な見地から、クルド人たちを救うべきだという意見、ここでUNHCRが動いたら難民条約が無効化されてしまうという意見。緒方さんは幹部たちの激しい議論にじっと耳を傾けました。

そして3時間ほど経過し、議論が出尽くしたとき、彼女はこう宣言したのです。

「わたしはやることに決めました。彼らが国境を越えようと越えまいと、UNHCRは被《ひ》害者《がい》とともに、そして被害者の傍《かたわ》らにいるべきなのです」

参加した幹部たちに、衝撃《しょうげき》が走ります。それは、緒方貞子というリーダーの強さに対する、とても前向きな衝撃でした。

彼女は当時の決断をこう振り返っています。

「この判断に対するＵＮＨＣＲ内部での議論は大きく分かれた。しかし、私の判断の拠《よ》り所《どころ》となったものは、ただひとつ、彼らを『救わなければならない』ということであった。この基本原則《プリンシプル》を守るために、私は行動規範《ルール》を変えることにした」（『私の仕事』緒方貞子著より）

硬直《こうちょく》化してしまった行動規範ではなく、その根底にあったはずの基本原則に立ち返る。

おそらくこれは、彼女が「新人」だったからこそできた決断でしょう。こうしてＵＮＨＣＲは多国籍軍とイラク政府に働きかけ、イラク国内に「安全地帯」を設け、クルド人たちを「難民」として保護し、救済にあたりました。

その後も、１９９２年のボスニア・ヘルツェゴビナ紛争、１９９４年のルワンダ紛争、１９９９年のコソボ紛争など、さまざまな困難を乗り越え、２０００年に国連難民高等弁務官を退任するまで、精力的に働き続けました。

もともとＵＮＨＣＲは難民救済のための機関であり、戦争や紛争の政治的な解決を委ねられているのは、国連の安全保障理事会《あんぜんほしょうりじかい》です。しかし、自ら防弾《ぼうだん》チョッキとヘルメットに身を包

1993年7月14日、戦火のサラエボを訪問する緒方貞子さん（写真：ロイター＝共同）

み、銃弾《じゅうだん》飛《と》び交《か》う紛争地帯のど真ん中に乗り込んでいった緒方さんは、「戦争や紛争を終わらせない限り、根本的な問題は解決しない」との結論に達します。

そして国連難民高等弁務官として初めて、安全保障理事会に参加して、何度となくスピーチをおこないました。混沌《こんとん》とする時代の逆風に負けず、人道支援の機関だったUNHCRを「闘《たたか》う組織」に変革したのです。ヨーロッパ出身の常識的な政治家だった前任者たちには、このような変革はできませんでした。緒方さんはシロウトであり、新人だったからこそ、自分の純粋《じゅんすい》な信念を貫《つらぬ》けたといえるでしょう。身長150センチの彼女は、「小さな巨人」と呼ばれ、国際的に高い評価を受けています。

賛成する人がほとんどいない真実を探せ！

生活保護を受けるシングル・マザーから世界一のベストセラー作家となったJ・K・ローリング。そして60歳を過ぎるまで学者の道を歩み、そこから難民支援の最前線に身を投じた緒方貞子。

彼女たちは、古い慣習に縛られない「新人」だったからこそ、まったくあたらしい挑戦《ちょうせん》ができました。児童書としては常識外れのページ数も、全7部という構想自体も、あるいは「難民」という言葉の再定義も、すべて「新人」ならではの発想です。

しかし当然、彼女たちは逆風も受けてきました。

J・K・ローリングは12もの出版社から契約を断られましたし、国連難民高等弁務官に就任当初の緒方貞子さんも職員から信頼《しんらい》を得られず、少なからず苦しい思いをしました。

これは、みなさんにもまったく同じことがいえます。

みなさんが若者であること、そして新人であることは、大きな武器です。常識に縛られた大人たちには考えもつかないようなアイデアが、フットワークの衰《おとろ》えた大人たちとは比べものにならないような行動力が、そしてどんな大富豪《だいふごう》がお金を積んでも買えない「時間」が、みなさんにはあります。

一方、新人としてのみなさんには大きな弱点があります。それは「経験」の不足です。

新人は、まわりの大人たちほどの経験がなく、知識も足りず、技術もつたないものです。たとえばコペルニクスの地動説も、彼が示した理論ではまだまだ不十分な点が多く、その後のケプラーやガリレオ・ガリレイらが理論を整え、完成させたからこそ、地動説の科学的正しさが立証されたのです。

トーマス・クーンは、こう指摘《してき》しています。

「たいていのあたらしいパラダイムは、はじめの段階ではぎこちないものである」

大人たちはきっと、みなさんの経験不足を責めてくるでしょう。

「そんなこと、できるわけないだろう」

「もっとまじめに考えなさい」

「夢みたいなこと言ってないで、地に足をつけて考えなさい」

ありとあらゆる言葉で反対し、ときには妨害《ぼうがい》さえしてくるかもしれません。

みなさんが世界を変えようとするとき、自分の夢をかなえようとするとき、周囲の大人たち

が応援《おうえん》してくれると思ったら大間違いです。大人たちが応援するのは、自分の地位を脅《おびや》かさない若者だけ。つまり、「世界を変えない若者」だけです。大人たちからすれば、みなさんの手で世界を変えられることは、大迷惑《だいめいわく》なのです。

こうした周囲の妨害に立ち向かうためには、どうしたらいいのでしょうか?

そこである人物の言葉を紹介しましょう。

世界最大のオンライン決済システム「ペイパル」の共同創業者であり、現在は世界的な投資家として活躍しているピーター・ティールの言葉です。彼は採用面接をするとき、かならず次の質問を投げかけるといいます。

「賛成する人がほとんどいない、大切な真実はなんだろう?」

これは一生をかけて問い続けてもかまわない、大きなテーマです。

おそらく、無名時代のJ・K・ローリングにとっての「賛成する人がほとんどいない、大切な真実」は、自分が小説家になることであり、『ハリー・ポッター』が世紀の傑作《けっさく》である、という信念だったはずです。緒方貞子さんにとっては、「行動規範よりも基本原則を守る」だったのかもしれません。

いや、これは彼女たちだけに限った話ではありません。

今日の特別講義で紹介した変革者たちを、ひとりずつ思い出してください。世界を変えてきた変革者たちは、小さな違和感を大切に育て、自分だけの**「賛成する人がほとんどいない、大切な真実」**をもっていたはずです。

賛成する人がほとんどいないとき、周囲のみんなが激しく反対するとき、それでも自分が「これは大切な真実なんだ!」と思えるとき。みなさんは世界を変える第一歩を踏《ふ》み出《だ》しています。

逆風が吹き荒れても、周囲の大人たちがこぞって反対しても、怒《おこ》られ、笑われ、バカにされても、そこでくじけてはいけません。

あなただけの「ミライ」は、逆風の向こうに待っているのです。

5時限目まとめ

1
世界を変えるのは、いつの時代も「新人」である

2
大人たちは変わらない。「世代交代」が時代を変える

3
ハリー・ポッターの価値を見抜いたのは8歳の女の子だった

4
シロウトだからこそ「常識」に振り回されなかった緒方貞子さん

5
迷ったときには「基本原則《プリンシプル》」に立ち返れ

6
大人たちが反対するとき、きみは「大切な真実」を語っている

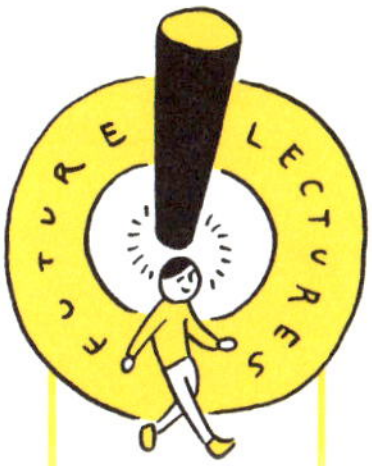

ミライのきみたちへ

以上でミライをつくる特別講義は終了《しゅうりょう》となる。

かなり濃密《のうみつ》で、驚《おどろ》きと発見に満ちた時間だったのではないかと思う。歴史上の人物たちについて触《ふ》れてきたが、「過去」の話をしたつもりはない。「未来」につながる話だけをしてきたつもりだ。

さて、ここまで注意深くわたしの話を聞き、講義に耳を傾《かたむ》けてきた人なら、いま大きな疑問を抱《いだ》いているだろう。

授業の冒頭《ぼうとう》で、わたしは「20人の人物を紹介《しょうかい》する」と約束した。しかし、ここでもう一度数えてみてほしい。ニュートンから緒方貞子《おがたさだこ》さんまで、その数はまだ19人にとどまっている。ひとりを残して、授業を終えたわけだ。

そこで最後に、20人目の人物を紹介しよう。

この授業の最後を飾《かざ》る変革者、それは「きみ」だ。

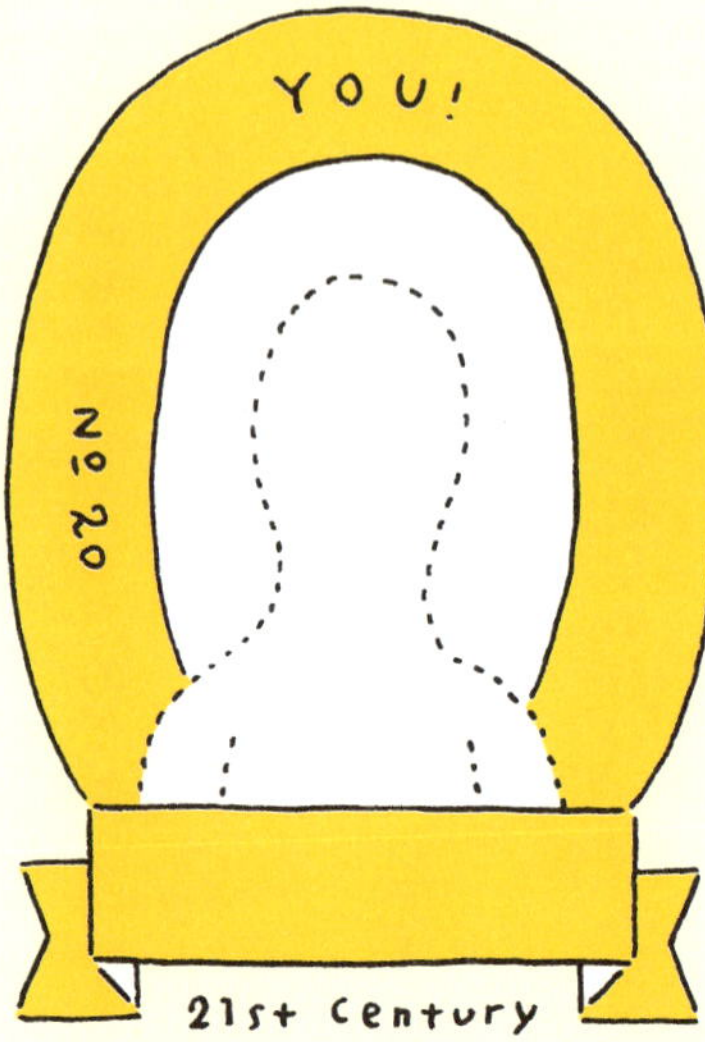
YOU!
№ 20
21st century

ほかの誰《だれ》でもないきみが、これから世界を変えるのだ。

もしここで「自分にはとても無理だ」と怖《お》じ気《け》づくとしたら、それはいまだ「思《おも》い込《こ》み」の罠《わな》にはまっている証拠《しょうこ》だ。

大人たちは自分の常識でものごとを判断し、きみを評価しようとするだろう。使い古されたモノサシで、きみの実力を測ろうとするだろう。しかし、そのモノサシには測りきれないものがひとつだけある。

きみの未来であり、きみの可能性だ。

ニュートンは中学時代、学年で下から2番目の成績だった。

ノーベル賞を受賞した大村智《おおむらさとし》さんは、どこにでもいる夜間部の高校教師だった。

世界的ベストセラー作家のJ・K・ローリングは、無職のシングル・マザーだった。

彼《かれ》らの未来を信じ、彼らの可能性を信じていたのは、「自分」だけだったはずだ。

どんな変革者も、いきなり世界を変革するのではない。

世界を変える旅は、「自分を変えること」からはじまるのだ。医学者としての森鷗外《もりおうがい》、蓄音《ちくおん》機《き》のエジソン、そして遺伝の謎《なぞ》に挑《いど》んだメンデルを思い出してほしい。彼らは能力が足りず世界を変えられなかったのではない。自分を変えることができず、結果として自分の手で世界を変えるに至らなかったのだ。

まずは、自分を変えよう。大人たちのモノサシでは測りきれない可能性を信じて、自分自身を変えていこう。その方法と具体例については、もう十分に説明したつもりだ。

もともと、わたしは投資家である。

若くて可能性のある人たち（企業《きぎょう》や経営者）を応援《おうえん》して、一緒《いっしょ》に大きな夢を実現すること、ゆくゆくは世界を変えることが、わたしの仕事だ。

京都大学で学生たちを育てているのも、わたしにとっては投資である。彼らのなかから、世界をひっくり返すような変革者が現れ、この世界が少しでも前進してくれたら、こんなにうれしいことはない。投資家であるわたしは、自分の手で世界を変えるのではなく、世界を変える人たちのサポートをすることに、自分の居場所を見いだした。そんなふうに考えることもできるだろう。

そして今回、わたしは14歳《さい》のきみに、いちばん若くて可能性に満ちあふれたきみに、投資することを決意した。それが世界を変える、最善の手段だと思われたからだ。この授業でまかれた種がどういうふうに芽を出し、どう育っていくのか。どんな花を咲《さ》かせて、どんな果実を実らせるのか。いまのわたしには、想像することさえできない。

ただひとつ、わかっていることがある。

この講義に触れ、この本を読んだ全員が「20人目の変革者」になるわけではない、という事実だ。

現実の壁《かべ》にぶつかることもあるだろう。逆風にさらされ、くじけそうになることもあるだろう。世間に流され、「常識」に染まりそうになることもあるだろう。そしてあるとき、夢をあきらめ、つまらない大人になりはじめた自分に気づくこともあるかもしれない。

そんなときはぜひ、もう一度この本を手に取ってほしい。

幾多《いくた》の困難を乗《の》り越《こ》えた変革者に触れ、未来をつくった人々に触れてほしい。

そうすればきっと、今日の気持ちを思い出し、14歳だった自分を思い出すはずだ。可能性に満ちあふれていた自分を思い出すはずだ。

誰もがかつては14歳だった。自分の可能性をあきらめ、愚痴《ぐち》や不満ばかりこぼしている大人たちも、かつては14歳だった。わたしはきみに、そしてすべての「かつて14歳だった大人たち」にこの本を贈《おく》りたい。たとえ何歳であろうと、未来をあきらめることは許されないし、わたし自身が未来を信じているからだ。

14歳のきみたちには、未来がある。可能性がある。

そしてかつて14歳だった大人たちには、知識がある。経験がある。もう一度人生を選びなおすだけの、時間も残されている。50歳を過ぎて天空を見上げた伊能忠敬《いのうただたか》を、60歳を過ぎて国際問題の最前線に身を置いた緒方貞子さんを、思い出してほしい。

たった一度しかない人生は、今日という日を境に変えることができるのだ。きみが「20人目の変革者」になれるかどうかは、今日の選択《せんたく》にかかっている。

さあ、本を閉じ、顔を上げて前を向こう。そこには輝《かがや》かしいミライが広がっているはずだ。

2016年6月　瀧本哲史《たきもとてつふみ》

ここでは各授業に関連する本を並べてみた。

ただし、本編と同様に、中学生向けに読みやすい本を選んでいない。むずかしいと思ったら大人に聞いたり、友だち同士で助け合って読書してもいいだろう。

そして、ここで紹介《しょうかい》する本もまた19冊と20冊に一冊足りない。20冊目の本は、きみがなにかをなしえたとき、それを次の14歳《さい》に伝えるために書いてほしい。

14歳のきみたちへ

1

『人工知能は人間を超《こ》えるか　ディープラーニングの先にあるもの』

松尾豊《まつおゆたか》・著／角川EPUB選書

本編では、ロボット・人工知能の破壊《はかい》的な力を中心に説明しましたが、もう少し、違《ちが》う見方もあります。この本は、日本の人工知能研究をリードする科学者による最先端事情《さいせんたんじじょう》の解説。人工知能の弱点、限界も率直《そっちょく》に述べられているとても公平な本だと思います。

ガイダンス

2

『予想どおりに不合理——行動経済学が明かす「あなたがそれを選ぶわけ」』

ダン・アリエリー・著／ハヤカワ・ノンフィクション文庫

本編では、ベーコンの掲《かか》げた人間の「思《おも》い込《こ》み」についてお話ししましたが、本書はその現代版。人間の認識《にんしき》、判断のゆがみについて研究する「行動経済学」の入門書です。専門性と読みものとしてのおもしろさが両立しています。ある中学生はこの本を読んで、経済学を志し、今は東京大学で学んでいます。

3

『勉強革命！「音読」と「なぜ」と「納得」が勉強力とビジネス力をアップさせる』

上田渉《うえだわたる》・著／マガジンハウス

本編では、勉強がなぜつまらないか、その理由について書きました。この本は、勉強する理由がわからなくなり、学年最下位で毎年留年して、退学になりそうだった高校生が、ついに勉強する理由を見つけて東大に合格し、起業した物語です。目標があれば人はがんばれます。

1時限目

4
『統計でウソをつく法——数式を使わない統計学入門』
ダレル・ハフ・著／講談社ブルーバックス

本編で、統計学の話をしましたので、中学生でも統計学の基本的な知識《ちしき》を学ぶことができる本を紹介します。数十年間売れている古典的名著です。タイトルはウソをつく方法と謳《うた》っていますが、実際には見破る方法です。大人が統計を使ってウソをつくのを見破りましょう。

5
『入門　医療《いりょう》政策——誰《だれ》が決めるか、何を目指すのか』
真野俊樹《まのとしき》・著／中公新書

本編で、看護制度、病院を改革した話をするために、データを集め、多くの人を説得したという例を挙げましたが、この本では、日本の現在の医療制度、医療政策の全体像をまとめています。中学生にはかなり読みごたえのある本だと思います。

6
『フランクリン自伝』
ベンジャミン・フランクリン・著／岩波文庫

哲学者《てつがくしゃ》、科学者にして、アメリカの建国の父。まわりの人に流されず、自分の正しいと思うところをつねに実行してきた人であることがよくわかると思います。

7
『福翁《ふくおう》自伝』
福沢諭吉《ふくざわゆきち》・著／講談社学術文庫

慶應義塾《けいおうぎじゅく》の創設者にして、近代日本の成立の理論的支柱といえる人。スピーチを演説、ディベートを討論と訳すなど日本語になかったたくさんの言葉、すなわち世のなかの見方、考え方をつくり出した人。世のなかに対する違和感《いわかん》を大切にした人だと思います。

8
『リクルートのＤＮＡ——起業家精神とは何か』
江副浩正《えぞえひろまさ》・著／角川ｏｎｅテーマ21

大学卒業と同時に起業、江副さん本人は志半ばで身を引きますが、リクルートという会社は、教育、進学、就職、結婚《けっこん》などあらゆる分野に影響《えいきょう》を与《あた》える世界企業《きぎょう》にまで成長します。江副さんもまた世のなかへの疑問からスタートしています。

2時限目

9
『「大発見」の思考法——ｉＰＳ細胞《さいぼう》vs.素粒子《そりゅうし》』
山中伸弥《やまなかしんや》、益川敏英《ますかわとしひで》・著／文春新書

本編では、大村先生を取り上げましたが、この本は、山中先生と益川先生というふたりのノーベル賞受賞者がどうやって仮説を立て、それを証明していったか、自分たちの発想法について対談しています。ふたりのやり方はかなり対照的なのでそこも注目です。

10

『ビジョナリー・カンパニー――時代を超える生存の原則』

ジェームズ・C・コリンズ、ジェリー・I・ポラス・著／日経BP社

何十年も繁栄《はんえい》し続けた会社にはどんな秘訣《ひけつ》があったかという研究の本。いろいろ特徴《とくちょう》がありますが、そのひとつは無茶といえるほどの仮説、ビジョンを掲げたことだったりします。

3時限目

11

『1945年のクリスマス――日本国憲法に「男女平等」を書いた女性の自伝』

ベアテ・シロタ・ゴードン・著／柏書房《かしわしょぼう》

本編で取り上げた、ベアテさんの自叙伝《じじょでん》です。この人の人生はとてもおもしろく、本編では紹介できなかったエピソードもたくさんあるので、ベアテさんに興味をもったらこの本を読んでみてください。

12

『民法改正――契約《けいやく》のルールが百年ぶりに変わる』

内田《うちだ》貴《たかし》・著／ちくま新書

あまり話題になっていませんが、日常生活のルールである民法が100年ぶりに抜本《ばっぽん》改正されようとしています。ルールを変えるとはどういうことなのかを考える一冊として。

13

『マネー・ボール（完全版）』

マイケル・ルイス・著／ハヤカワ・ノンフィクション文庫

ルールを変えるというのは戦い方を変えるということでもあります。統計の重要性は説明しましたが、統計学を使って野球の戦略をがらりと変えて、最弱チームを強豪《きょうごう》に変えた実話です。同名の映画もおすすめ。

4時限目

14

『武器としての交渉《こうしょう》思考』

瀧本哲史《たきもとてつふみ》・著／星海社新書

本編では、まわりの人を味方につける大切さをお話ししましたが、そのための具体的な方法について解説した本です。より広く「ほんとうの仲間とは、何か」について書いた、『君に友だちはいらない』（講談社）も勧《すす》めておきます。

15
『ハリー・ポッターと賢者《けんじゃ》の石』
（ほかハリー・ポッターシリーズ）
J・K・ローリング・著／ハリー・ポッター文庫

授業の導入でも触《ふ》れた本ですが、よく読むと主人公のハリーが活躍《かつやく》するためにまわりの人がそれぞれの長所を発揮した話、各人が自分の貢献《こうけん》できることでそれぞれの主役になった話とも読めます。

5時限目

16
『巨大《きょだい》な夢をかなえる方法
——世界を変えた12人の卒業式スピーチ』
ジェフ・ベゾスほか・著／文藝春秋《ぶんげいしゅんじゅう》

アメリカの有名大学の卒業式には著名人を呼んでスピーチをしてもらうことがあって、その内容は個人的な苦難をどうやって乗《の》り越《こ》えたかという話が多く、その中身も傾聴《けいちょう》に値《あたい》します。原典をネットで探して英語の勉強にしてもよいでしょう。

17
『ゼロ・トゥ・ワン——君はゼロから何を生み出せるか』
ピーター・ティール・著／NHK出版

シリコンバレーでもっとも影響ある投資家、思想家の起業論。すごくアッサリまとめた本のように見えて、じつは、かなり科学や技術、哲学に対する知識が背景にある本です。

18
『イーロン・マスク　未来を創《つく》る男』
アシュリー・バンス・著／講談社

電気自動車のテスラモーターズや宇宙開発の企業、スペースXをつくったシリコンバレー屈指《くっし》の起業家の物語。逆風の連続のような事業にこともなげにチャレンジしています。

19
『君たちはどう生きるか』
吉野源三郎《よしのげんざぶろう》・著／岩波文庫

第二次世界大戦開戦直前、これからの社会の逆風を予測して、日本の若者に生き方や社会科学の考え方を静かに説く本。書かれた時代ははるか昔ですが、これからの日本の若者にとって、とても大事なことが書かれています。じつは、「ミライの授業」は21世紀の『君たちはどう生きるか』をめざしました。

参考文献

＊『人類の知的遺産　30　ベーコン』坂本賢三著／講談社
＊『ベーコン』石井栄一著／清水書院
＊『科学革命の構造』トーマス・クーン著、中山茂訳／みすず書房
＊『近代科学の誕生（上）（下）』H・バターフィールド著、渡辺正雄訳／講談社学術文庫
＊『パラダイムとは何か　クーンの科学史革命』野家啓一著／講談社学術文庫
＊『ニュートン　あらゆる物体を平等にした革命』オーウェン・ギンガリッチ編集代表、ゲイル・E・クリスティアンソン著、林大訳／大月書店
＊『プリンキピアを読む』和田純夫著／講談社ブルーバックス
＊『奇人・変人・大天才　紀元前から19世紀』マイク・ゴールドスミス博士著、小川みなみ編・訳／偕成社
＊『奇人・変人・大天才　19世紀・20世紀』マイク・ゴールドスミス博士著、小川みなみ編・訳／偕成社
＊『藁のハンドル』ヘンリー・フォード著、竹村健一訳／中公文庫
＊『ナイティンゲール伝　他一篇』リットン・ストレイチー著、橋口稔訳／岩波文庫
＊『フロレンス・ナイチンゲールの生涯』宮本百合子著／青空文庫
＊『ナイチンゲールは統計学者だった！』丸山健夫著／日科技連出版社
＊『鷗外　森林太郎と脚気紛争』山下政三著／日本評論社
＊『脚気の歴史　日本人の創造性をめぐる闘い』板倉聖宣著／仮説社
＊『コペルニクス　地球を動かし天空の美しい秩序へ』オーウェン・ギンガリッチ編集代表、O・ギンガリッチ、J・マクラクラン著、林大訳／大月書店
＊『コペルニクス革命』トーマス・クーン著、常石敬一訳／講談社学術文庫
＊『誰も読まなかったコペルニクス　科学革命をもたらした本をめぐる書誌学的冒険』オーウェン・ギンガリッチ著、柴田裕之訳／早川書房
＊『ヨハネス・ケプラー　天文学の新たなる地平へ』オーウェン・ギンガリッチ編集代表、ジェームズ・R・ヴォールケル著、林大訳／大月書店
＊『ヨハネス・ケプラー　近代宇宙観の夜明け』アーサー・ケストラー著、小尾信彌・木村博訳／ちくま学芸文庫
＊『ガリレイの生涯』ベルトルト・ブレヒト著、岩淵達治訳／岩波文庫
＊『ガリレオ裁判　４００年後の真実』田中一郎著／岩波新書
＊『大村智　2億人を病魔から守った化学者』馬場錬成著／中央公論新社
＊『大村智物語　ノーベル賞への歩み』馬場錬成著／中央公論新社
＊『ビル・ゲイツ　未来を語る』ビル・ゲイツ著、西和彦訳／アスキー
＊『ぼくとビル・ゲイツとマイクロソフト　アイデア・マンの軌跡と夢』ポール・アレン著、夏目大訳／講談社
＊『夢は必ずかなう　物語　素顔のビル・ゲイツ』小出重幸著／中央公論新社
＊『スティーブ・ジョブズvsビル・ゲイツ　二大カリスマCEOの仕事力』竹内一正著／PHPビジネス新書

＊『エジソン　電気の時代の幕を開ける』オーウェン・ギンガリッチ編集代表、ジーン・アデア著、近藤隆文訳／大月書店
＊『エジソン発明会社の没落』アンドレ・ミラード著、橋本毅彦訳／朝日新聞社
＊『起業家エジソン　知的財産・システム・市場開発』名和小太郎著／朝日新聞社
＊『柔道　その歴史と技法』藤堂良明著／公益財団法人日本武道館
＊『現代スポーツは嘉納治五郎から何を学ぶのか　オリンピック・体育・柔道の新たなビジョン』公益財団法人日本体育協会監修、菊幸一編著／ミネルヴァ書房
＊『ホワイトハウスにできた柔道場　恩師フェノロサを超えた嘉納治五郎』丸屋武士著／SB新書
＊『1945年のクリスマス　日本国憲法に「男女平等」を書いた女性の自伝』ベアテ・シロタ・ゴードン著、平岡磨紀子構成・文／柏書房
＊『ベアテ・シロタと日本国憲法　父と娘の物語』ナスリーン・アジミ、ミッシェル・ワッセルマン著、小泉直子訳／岩波書店
＊『日本国憲法を生んだ密室の九日間』鈴木昭典著／角川ソフィア文庫
＊『ココ・シャネルの秘密』マルセル・ヘードリッヒ著、山中啓子訳／早川書房
＊『シャネル　人生を語る』ポール・モラン著、山田登世子訳／中公文庫
＊『ココ・シャネルという生き方』山口路子著／新人物文庫
＊『ちくま評伝シリーズ〈ポルトレ〉　ココ・シャネル――20世紀ファッションの創造者』筑摩書房編集部著／筑摩書房
＊『ココ・シャネル　時代を切り開いた世界の10人　7』髙木まさき監修／学研教育出版
＊『伊能忠敬　日本を測量した男』童門冬二著／河出文庫
＊『四千万歩の男（一）～（五）』井上ひさし著／講談社文庫
＊『四千万歩の男　忠敬の生き方』井上ひさし著／講談社文庫
＊『日本史リブレット人057　伊能忠敬　日本をはじめて測った愚直の人』星埜由尚著／山川出版社
＊『サッチャー回顧録（上）（下）』マーガレット・サッチャー著、石塚雅彦訳／日本経済新聞出版社
＊『サッチャー　私の半生（上）（下）』マーガレット・サッチャー著、石塚雅彦訳／日本経済新聞出版社
＊『ちくま評伝シリーズ〈ポルトレ〉　マーガレット・サッチャー――「鉄の女」と言われた信念の政治家』筑摩書房編集部著／筑摩書房
＊『マーガレット・サッチャー　時代を切り開いた世界の10人　5』髙木まさき監修／学研教育出版
＊『神が愛した天才科学者たち』山田大隆著／角川ソフィア文庫
＊『J・K・ローリング　その魔法と真実　ハリー・ポッター誕生の光と影』ショーン・スミス著、鈴木彩織訳／メディアファクトリー
＊『ハリー・ポッター裏話』J・K・ローリング、L・フレーザー著、松岡佑子訳／静山社
＊『ハリー・ポッター誕生　J・K・ローリングの半生』コニー・アン・カーク著、小梨直訳／新潮文庫
＊『私の仕事』緒方貞子著／草思社
＊『共に生きるということ』緒方貞子著／PHP研究所
＊『緒方貞子　戦争が終わらないこの世界で』小山靖史著／NHK出版
＊『緒方貞子　難民支援の現場から』東野真著／集英社新書
＊『ゼロ・トゥ・ワン　君はゼロから何を生み出せるか』ピーター・ティール、ブレイク・マスターズ著、瀧本哲史序文、関美和訳／NHK出版

瀧本哲史
たきもと・てつふみ

京都大学産官学連携本部イノベーション・
マネジメント・サイエンス研究部門客員准教授。
東京大学法学部卒業、同大学大学院法学政治学研究科助手を経て、
マッキンゼー＆カンパニーでおもにエレクトロニクス業界の
コンサルティングに従事。その後独立。
エンジェル投資家として活動しながら京都大学で教鞭をとる。
著書に『僕は君たちに武器を配りたい』(ビジネス書大賞 2012 受賞)
『君に友だちはいらない』(以上、講談社)、
『武器としての決断思考』『武器としての交渉思考』(以上、星海社新書)、
『戦略がすべて』(新潮新書)、『読書は格闘技』(集英社)がある。

構成・古賀史健(batons)
装幀・本文デザイン　文平銀座
イラスト・寄藤文平
制作協力・一般財団法人 出版文化産業振興財団(JPIC)

授業に協力していただいた学校・
福島県飯舘村立飯舘中学校
東京都文京区立音羽中学校
田園調布雙葉中学校
灘中学校
佐賀県武雄市立山内中学校

ミライの授業《じゅぎょう》

2016年6月30日　第1刷発行
2024年4月2日　第23刷発行

著　者　瀧本哲史《たきもとてつふみ》
発行者　森田浩章
発行所　株式会社 講談社
〒112-8001
東京都文京区音羽2-12-21
電話　出版 03-5395-3522
販売 03-5395-4415
業務 03-5395-3615
印刷所　株式会社新藤慶昌堂
製本所　株式会社国宝社

KODANSHA

定価はカバーに表示してあります。ISBN978-4-06-220017-2